行动·习惯·性格

一位校长的教育手记

张东法 著

- 童年只有一次，教育不能重来。
- 好的方法是教育成功的开始。
- 社会、学校、家庭三位一体，为孩子夯实成功的基础。
- 放飞理想、锤炼意志、拥有自信，帮助所有的孩子习惯成功。

一位基层教育工作者的真实记录

天津出版传媒集团

天津人民出版社

天津教育出版社

TIANJIN EDUCATION PRESS

图书在版编目(CIP)数据

行动·习惯·性格：一位校长的教育手记 / 张东法
著. -- 天津：天津人民出版社：天津教育出版社,
2021.12
　　ISBN 978-7-201-17891-2

　　Ⅰ.①行… Ⅱ.①张… Ⅲ.①中学—校长—学校管理
Ⅳ.①G637.1

中国版本图书馆 CIP 数据核字(2021)第 243358 号

行动·习惯·性格：一位校长的教育手记
XINGDONG·XIGUAN·XINGGE:YI WEI XIAOZHANG DE JIAOYU SHOUJI

出　　版	天津人民出版社	
出 版 人	刘　庆	
地　　址	天津市和平区西康路35号康岳大厦	
邮政编码	300051	
邮购电话	(022)23332469	
电子信箱	reader@tjrmcbs.com	

策划编辑　　田　昕
责任编辑　　杨　轶
装帧设计　　王　楠

印　　刷　　天津新华印务有限公司
经　　销　　新华书店
开　　本　　710毫米×1000毫米　1/16
印　　张　　10.75
插　　页　　3
字　　数　　120千字
版次印次　　2021年12月第1版　2021年12月第1次印刷
定　　价　　48.00元

前 言

　　世界上究竟有没有成功的"秘诀"？其实那种神秘的写成"天书"的"秘诀"是没有的，它只不过是神话或者幻想而已，但在现实生活中，作为促使成功的条件是存在的。仁者见仁、智者见智。有些人认为能否成功在于天赋；有些人认为能否成功在于勤奋；有些人认为能否成功，关键在于一个人的机遇；还有人认为能否成功，在于胸怀大志和踏实肯干。这些说法都不无道理，但都不尽人意，因为他们没有找到让孩子成就未来的关键。请相信：比你成功 100 倍的人，绝对不是比你聪明 100 倍的人。他们之所以能成功，是因为他们知道得多、做得多。为什么他们知道得多、做得多？是因为他们学得多。只有学得多，才能总结别人的经验，吸取别人的教训，才能让自己少走弯路，最终走向成功。作为家长，也是如此，只有学得多，知道得多，才能掌握施教策略和教子方法，才能实现让孩子早日成功的目标。

因此,作为家长,要想让孩子成就未来,就必须:

播下一个行动,才能收获一种习惯;

播下一个习惯,才能收获一种性格;

播下一个性格,才能收获一种命运。

对孩子的成功教育是三位一体的,家庭教育、学校教育、社会教育都不可缺少。但家庭是孩子的第一个学校,家长是孩子的第一任老师。孩子的人格形成很大程度上依赖于家庭的培养和熏陶。教孩子学会做人、学会学习、学会处理各种关系,是家庭和学校的共同责任,但很大程度上家长占主要责任。

父母对孩子的期望有较强的暗示和感染作用,会对孩子产生心理的震撼。美国著名心理学家罗森塔尔的研究表明:教育者的期望对受教育者影响重大。从心理学来讲,期望是一种心理定势,家长对子女的期望态度激励着孩子不断向前发展。家长对孩子美好的期望是孩子成长路上必不可缺少的因素,是孩子前进道路上的"航灯"。家长的期望值越高,对孩子的激励越大,就越能强化他们接受教育的自觉性、主动性,有利于锻炼孩子的意志,促使其形成远大抱负。

十年树木、百年树人,教育孩子不是一朝一夕的事,身为父母,教育孩子责无旁贷、永不下岗;身为父母,要以身作则,用律己正己的思想行为来影响孩子、鼓励孩子,成为孩子的良师益友;身为父母,还要充分尊重孩子,学会循循善诱,讲究方式方法,提高孩子的自信心和上进心。父母既要关注孩子的学习成绩,更要关注孩子的心理需求,积极配合学校和教师去教育孩子,只有这样,孩子才能快乐健康地成长。

　　童年只有一次,教育不能重来。家长要想让自己的孩子成才,最终走向成功,首先要具备培养孩子成才的素养,就好像一个花匠,只有他具备各种养花技艺,经过他精心修剪花枝、浇水施肥,花坛里的百花才能花香四溢、争奇斗艳;其次是关注孩子的身心健康,先成人,再成才,让孩子既要有一个健康体魄,又要有一个良好的精神面貌;第三,就是注意培养孩子优秀的品质,如:理想、自信、毅力、诚恳、谦虚等等,让孩子会做人、会生活,把会学的金钥匙交给孩子,为孩子未来的发展奠定基础。

張東梅

2021 年 2 月

下篇　性格

微信扫码立即获取
听大师讲儿童教育
☆幼儿教育100讲
☆儿童教育心理学

上篇 · 行动

张成允（2 岁） 绘

孩子在6岁之前，是培养孩子多元智能以及人格形成的关键期。童年只有一次，教育不能重来，抓好童年教育，就等于掌握了让孩子成功的主动权。我国著名心理学家郝滨在总结幼教的重要性时说："幼儿教育是人生整个教育的起点，其教育目标应是保证孩子身心健康的发展，为接受进一步教育打好基础。"日本教育家木树久一也说过，人的潜在能力遵循一种递减规律，即生下来具有100分潜在能力的儿童，如果一出生就进行教育，可以成为100分能力的人。若从5岁开始教育，只能成为80分的人。若从10岁开始教育，就只能成为60分的人。6岁之前的教育从理论上说大概能决定孩子一生的成就。幼儿时期接受的教育，在心灵上留下的烙印一生都难以磨灭。

　　作为家长，不可能给予孩子一生的成功，但可以帮助孩子为将来走向成功打好基础。为人父母须切记三点：一不能因为自己的短视，把人生的"长跑"当成"短跑"；二不能因为自己的无知，把孩子当成学习机器；三不能因为急功近利，让孩子的童年失去快乐。家长只要遵循孩子的成长规律、发展规律，把握好三方面的外部因素，孩子一定能够健康成长。

第一章 重视右脑开发

一、开发右脑的意义

右脑具有超高速反应、记忆、运算、想象、创造、灵感和直觉功能，能将收到的信息图像化处理，且瞬间处理完毕，因此右脑被称为"图像脑"，并且右脑还有感性和直观的特点，所以又被称为"感性脑"。

通常人们都只用左脑而不用右脑，思维就会存在缺陷。通过右脑开发，使右脑的图像记忆能力、快速处理能力与左脑思维能力完美结合，便可达到提高学习效率的目的。

为什么一本厚书，我们看后难以记忆，而把该书改编成电影，我们看后就记得很清楚？

为什么我们在路上遇到一个人，很面熟却常常想不起名字？面熟是右脑的图像记忆，名字是左脑的文字记忆，这说明右脑的记忆要更加深刻长久。

传统教育中，让孩子死记硬背知识点，多是以开发左脑为主，从而导致右脑的机能受到左脑理性的控制与压抑，右脑的潜在能力不能得到发挥。

日本科学家七田真教授通过大量实验研究表明：

人在 3 岁以前大脑已完成 60％的发育, 6 岁以前完成 90％的发育, 7 岁以后只剩 10％的大脑等待发育, 其中右脑的再发育空间更是微乎其微。

由此证明早期开发右脑势在必行, 右脑开发充分的人, 记忆力非常惊人、过目不忘、过耳能诵, 几乎能改变机械重复的左脑记忆, 学习效率倍增。很多科学家、艺术家, 如爱因斯坦、达芬奇、居里夫人等等, 都有超强发达的右脑。

二、怎样开发右脑

怎样开发孩子的右脑呢? 作为家长首先要了解右脑的功能, 才能有针对性地去开发。开发右脑要尊重科学、遵循幼儿生理特点和成长规律, 根据右脑构造和右脑功能(图画、音乐、韵律、情感、想象、创意)的特点, 有针对性地开发。

1. 利用识图开发右脑

孩子幼儿时期, 对图画的识别能力特别强, 家长可以有意识、有针对性地利用图画来激活右脑。有很多家长说, 我们屋内墙上挂满了图画, 天天让孩子观看, 电视动画片也是让孩子天天看, 我们不就是在开发孩子的右脑吗? 虽然孩子的右脑对图画识别能力强, 但如果只是让孩子看, 而不去刺激孩子动脑去想, 那么他的大脑会仍然停留在对图画的简单识别上, 即使天天看图画, 孩子的右脑仍未得到开发。利用看图开发右脑, 在孩子有兴趣的前提下, 再给予有效的干预刺激, 促使孩子动脑思考, 这样才能有效激活大脑, 使右脑得到开发。

在孩子幼时，我经常会用笔画一些简单的虚线图形，如房屋、飞机、汽车、小鸟、几何图形等等，边画边让孩子判断要画的是什么图形，这里的判断就是在刺激孩子大脑的想，再让孩子帮助连线把图画画完整，看看自己判断得对不对。例如，有一次我用虚线画了一只小兔，儿子猜画的是一只小猫。我就让儿子进行实线连接，连好后我问儿子你猜对了吗？然后我又画了一只小猫，让儿子观察小猫与小兔有哪些区别。儿子通过认真观察对比，高兴地说："小兔是大耳朵、豁嘴、短尾巴，而小猫是长尾巴、小耳朵、长胡须。"在有趣的活动中，儿子动手画、动脑想，自然而然激活了右脑，非常有利于右脑的开发。还有一次，我让儿子观察一幅图画，问他你看到了什么？儿子说："三朵牡丹花和两只蝴蝶。"我鼓励他："你真棒，观察得这么认真和详细。"儿子得到了鼓励，更加自信了。我又拿出与上一张相似的一张图画："你从这一张图里看到了什么？"儿子不假思索地说："和上一张一样。"我说："是吗？你再观察观察。"儿子带着不解，又对图画认真观察起来，然后兴奋地说："比第一张多了一朵花，少了一只蝴蝶。"这样做，不仅让孩子动脑想，还培养了孩子认真观察的习惯。

配有图画的识字卡同样可以开发孩子的右脑。我拿出一张为"辛苦"二字配图的字卡，要求儿子将看到的内容讲述一遍，并激励儿子："你若讲得好，就可以当爸爸的老师了。"孩子信心十足地观察了一会儿，认真地说："共有两幅图，第一幅图是妈妈拖地，满头是汗;第二幅图,是小红给妈妈捶背。"我说:"儿子,你的描述非常正确,可以当我的老师了。但我还有一个问题要问,妈妈每天拖地、做家务,你认为辛苦不辛苦呀?为什么小红要给妈妈捶背?"儿子说:"妈妈汗都累出来了,肯定辛苦。小红看妈妈辛苦,应该给她捶背!"我继续问:"你想不想认识'辛苦'这两个字?"儿子迫不及待地点头,我就引导孩子观察、认识"辛苦"这两个字,又让他读上几遍,详细观察字形。为了让孩子牢牢记住这两个字,我在纸上写了两句话:"老师您'辛苦'了,爸爸您'辛苦'了。"儿子很快就从中找出了"辛苦"两个字。我又让儿子用"辛苦"说一句话,儿子张口就说:"妈妈'辛苦'了,爸爸'辛苦'了。"

让孩子通过观察图画开发右脑,首先要有目的地引导孩子观察图画的场景、内容、数量、含义、颜色等等,其次要让孩子用语言进行描述。语言是思维的表现形式,先动脑,才能形成语言的表达。只有经过大脑的思维,才能培养孩子的观察能力、思维能力、语言表达能力以及良好的心理素质。

2. 利用音乐韵律开发右脑

音乐与幼儿的右脑开发有着密切的关系,因为右脑本来就主导形象思维和艺术思维,而音乐是艺术中的主要门类之一。通过培养幼儿的音乐兴趣,利用音乐旋律可以激发孩子的想象力;利用节奏训练和音乐游戏,来加强幼儿的旋律感受力;利用歌舞表演和体态律动,来激发幼儿的灵敏反应能力。总之,音乐可以激发右脑快速发育。

（1）培养孩子的音乐兴趣，唤起丰富想象

家长要为孩子创设一个良好的音乐环境，培养孩子的倾听能力。

在我的孩子幼时，我准备了一些特别有趣的声音素材，从孩子最熟悉的音乐，比如含有风声、雨声、鸟叫声、狗叫声、猫叫声等内容的大自然音乐和生活音乐入手，引导孩子进入音乐世界。在此基础上，再引导孩子进行想象，比如播放《晨曲》这首乐曲时，我就鼓励儿子对乐曲里的鸟叫声进行发散思维，并且让他将想到的情景讲述出来。儿子就手舞足蹈地讲起来："我好像看到小鸟在天空飞呀飞呀，在树林里唱呀唱呀，还相互打招呼……"我让儿子模仿小鸟翩翩起舞的样子，儿子边听边舞，十分开心投入。这样一来，把儿子听音乐的兴趣和想象力很自然地就激发起来了。

有时我会有针对性地给孩子放一些有利于开发右脑的乐曲，如《梦里的故事》《春天来了》等等。孩子在听乐曲的时候，我会诱导他动脑想，谈听后感受。如听过《春天来了》，我就启发孩子："你听到了什么？你仿佛看到了什么？"孩子手舞足蹈地说个不停："小鸟在飞翔，欢聚一起，自由自在真热闹。小鸟的歌唱让我好像进入了自由的世界，好开心呀。"我听着孩子的描述，又引导孩子继续动脑去想："我们当地都有什么鸟？它们都是怎么叫的？小燕子是什么季节才能看到它？春天有什么特点？你为什么喜欢春天？"孩子更是劲头十足，学起了很多小鸟的叫声，还模仿小鸟的飞翔，学着小麻雀蹦跳着走路……通过这些诱导，让孩子感受到听音乐的兴趣，同时培养了孩子的动脑和协调能力，促进孩子的右脑开发。

（2）强化旋律感受，激活孩子的右脑

为了培养孩子对音乐旋律的感受，我从让孩子辨别、欣赏节奏开始训练。起初，我选择一些简单的打击乐器，如鼓、手鼓、洋鼓、铜锣、响板等，让孩子敲敲打打，培养孩子对节奏的快慢和律点的感受。另外，我又选用了一些乐曲素材，如《大雨和小雨》，有明显的节奏强弱，让孩子边听边动作，如节奏强的时候跺脚，节奏弱的时候拍手，利用动作的不同感知节奏的强弱。这些都是通过孩子对音乐旋律的感受，刺激右脑思维的训练方法。

（3）利用歌舞表演、体态律动激活右脑

有时我还会让孩子跟着音乐模仿动作，如听乐曲《小兔和狐狸》《洋娃娃和小熊跳舞》等时，让孩子模仿乖巧可爱的小兔、贼头贼脑的小狐狸、笨手笨脚的小熊。让孩子既动脑又动身体，从而达到大脑和身体的交流，既锻炼了两者的和谐度，还能更好地感知和体验音乐的韵律，从而达到激活孩子右脑的目的。

3. 利用情感开发右脑

情感是指人受到外界刺激时所产生的心理反应，如喜、怒、哀、乐、爱、憎等，同时也是人对客观事物是否满足自己的需要所产生的态度体验。情感是通过人的感觉器官来实现的，人对环境事物的感受主要依靠右脑。人只有通过大量的感觉才能刺激大脑，积累更多的感觉经验。感觉经验积累得越多，右脑激活率就越大,右脑智能提高得越快。

(1)培养孩子的触觉能力

孩子开始对世界的认识,是通过摸、吸吮、咬、舔等动作来体会冷暖、轻重、大小、粗细、软硬、质材、形状,认识周围的事物,使更多的信息输入大脑。

孩子幼时,我经常让孩子光脚走路,走在床上、地毯上,踩在积木上,走在冰冷的地板上,让孩子体会不同的触觉。在保证不烫伤孩子的前提下,我会故意让孩子去触摸冷、温、热、烫不同温度的水杯,使孩子将感觉结果输入大脑,形成一定的经验。所有这些,目的就是激活右脑。

(2)培养孩子的听觉能力

通过不同的声音让孩子产生不同的感受,从而达到刺激右脑思维想象的目的。

我将石子装在木盒、铁盒或塑料盒子里,摇动产生响声让孩子听,体会其中的差别,或是将豆子、小米、铁块放进不同材质的盒子里,摇动出响声,还可以录一些具有不同频率的声响,如水流声、狗叫声、优雅的乐奏声。这些声响给孩子不同的听觉感受,使大脑产生不同的反应。不同的音频,使孩子被激活的右脑产生很多声音信息,具备很多声音信息的经验,从而提高了孩子的听觉能力,促使右脑产生活力。

(3)培养孩子的视觉能力

孩子通过视觉变化的刺激,也可以激活右脑的思维,产生不同的感受体验。如颜色的变化,物体大小、多少的变化,都可以培养孩子的观察、识别、辨认能力,增强孩子的手眼协调能力。

我对孩子进行视觉训练时,会将红、黄、黑不同颜色的小球混在一起,让孩子挑选归类,有时将两副扑克牌混在一起,再让孩子挑选配对,或是拿一张有多种颜色的彩图,让孩子说出颜色的种类,还可以将两张类似的图卡,让孩子进行对比,说出它们的不同点。经常这样的训练,目的就是培养孩子的观察能力。通过视觉刺激,促使右脑思维,使右脑常处于活跃状态,达到对右脑开发的目的。

(4)培养孩子的嗅觉、味觉能力

有很多气味通过嗅觉、味觉直接刺激大脑,使大脑经过思维,再对味道进行确认,所以,嗅觉和味觉也是开发右脑的重要途径。

我们在日常生活中,要多引导孩子去闻、去思、去辨认各种气味和味道。比如当我做了一桌菜,像蜜汁山药、醋溜夏瓜、凉拌苦瓜、辣椒鸡丁、蒜苔肉丝等,指着菜问儿子:"你能不能说出每一种菜的味道?"最初孩子只是有感觉但说不出来各种味道的名称,让孩子先品尝每一种菜,让他去感受,再告诉他这个菜是什么味道。第二天还有同样的菜,强化孩子的记忆。孩子再去闻、再去品尝,很快就通过右脑思维记住了各种菜的味道。除了日常生活中品尝各种菜肴,还可以利用创设情景的办法,去刺激孩子右脑对嗅觉、味觉的思维。如让孩子想一想果汁的味道、醋的味道、茶的味道,并用表情表示一下。孩子能很快说出果汁、醋的味道,但说不出茶的味道,我就让孩子随意去想象,孩子说:

"是甜的吧？因为很多人都爱喝。不对呀？为啥很多大人喝了之后又咧嘴，一定是苦的……"儿子讲述的时候，还带有表情：甜的时候，抿一下嘴，非常开心，苦的时候就皱眉咧嘴……通过尝和嗅，使孩子将味道与气味的信息传输到右脑，激发右脑思维，从而起到右脑的开发作用。

（5）通过本体感受开发右脑

本体感受是让孩子通过身体位置、姿势的变化，体会空间的变化，以此刺激右脑的活性，使右脑对孩子运动的调控能力、空间认知能力、身体平衡能力、集中注意能力有积极的协调作用。

为了培养孩子的本体感受能力，我经常有意识地设置一些活动，如和孩子进行单腿走路比赛、让孩子学骑自行车、让孩子从门间隙中挤着回屋、和孩子玩"走独木桥"比赛、让孩子玩滑梯时趴着往下滑等等。通过各种活动，刺激孩子右脑活力，协调身体各个部位的平衡，从而起到激活右脑的作用。

4. 利用想象开发右脑

人的右脑在 6 岁之前非常活跃，6 岁以后一般便会处于休眠状态，很难再开发。有人在幼时激活了右脑，使他能够想常人不敢想的事情，在想象的世界中自由翱翔，从而取得超越常人的成绩，成为流传千古的人物。

人的右脑，不是自然而然就能激活的，它需要外界条件的刺激，尤其是想象能力的锻炼，才能达到开发右脑的作用。

（1）图形想象

图形想象训练是以某形象为基础，想象与之相似的其他形象。平常我会利用家庭实物对孩子进行图形想象训练。例如让孩子观察水桶、锅盖、门、窗、桌、凳、椅子等物体，先让他对图形有一个简单的认识，再逐一告诉他物体的几何名称，饮料桶是圆的、酒盒是方的、冰箱是长方体、电视机屏是长方形……并鼓励孩子放开思路，随意去想象世界万物与之图形相似的物体，如星球、楼房、汽车、宇宙飞船等等。

（2）假设想象

假设想象是通过对某种事物的推理、猜测诱发出许多新颖、独特的设想。比如我会对孩子说："若是给你插上双翅，可以想一想会怎么样呢？"孩子不等我说完，就高兴地张开双臂学着小鸟飞翔，边比边说："我飞到了天上，看到了田野、树林、村庄。我飞到了月亮上，看到了小白兔……"还可以假设让孩子想象变成大海里的一条鱼或成为一名科学家……

（3）原型想象

原型想象就是受到类似事物启发，通过联想把原本的表象典型化。

有一天，儿子不小心被草叶划破了手，疼得满眼泪花。我安慰儿子说："手被划破说不定还是一件好事呢！"说着我就拿了一根小锯条让儿子看，儿子一愣，指着小锯条问："拿它干什么呀？"我给他讲了一个小传说，说鲁班小时候就是因为手被草划破，受到启发而发明了锯子。讲完故事，我还模仿着将一根细小的木棒锯断了。儿子看得非常认真，若有所思地说："那要是制造飞机、轮船、火车，都需要把很多钢材截断，这样小的锯条怎能行呢？"我的目的就是让孩子受原型启发，刺激右脑去想象，于是我继续引导孩子去想："你想到的问题非常对，你能像鲁班那样发明些产品来解决问题吗？"孩子皱着眉头想了许久，高兴地说："能不能做一个大电锯？"那时3岁的儿子还没有见过电锯呢。

还有一次我和儿子一起放风筝，他好奇地问："为什么风筝会飞上天呢？"我就对他解释说："将来你长大了会在学校学到这些知识，它涉及空气动力学、流体力学、气体压强等很多方面的知识。"一会儿，儿子指着天空中飞翔的小燕子和飞机说："它们能在天上飞，是不是和风筝会飞的道理一样呀？"我高兴地鼓励着儿子说："你真了不起，由原来的现象联想到类似事物的现象，只要以后凡事都能仔细观察，认真思考，多动脑子，你一定能成为科学家。"儿子受到鼓励后更高兴了，说："是不是火箭、飞船……都是这样的道理呀？"

（4）制作想象

鼓励孩子进行科技小制作、小发明、小创造活动，在实践中产生创造新事物的灵感。例如，我经常让孩子废物利用，动手制作各式各样的玩具，如小飞机、小动物、各种几何图形，还可以用胶泥捏成各种小物体、小昆虫、小动物。让孩子在玩的同时，放飞大脑，随意想象，从而刺激右脑发育。

（5）幻想

幻想是一种与生活愿望相连的并指向未来的特殊

想象。幻想的形象总是体现个人的愿望与追求。

幻想对于科技提供了很多灵感或者方向，很多幻想都已变为现实，如人类幻想的"顺风耳""千里眼"，就是现实中的电话、电报、望远镜、电视、雷达等等，曾经幻想的"天堂"如今有了"空间站"。

通过幻想，可以为孩子的大脑思维松绑，使孩子的想象更加没有束缚。通过幻想，可以给孩子带来思考的乐趣，促使孩子无限遐思，从而刺激右脑发育。

在孩子幼时，我经常会有意创设出想象空间，放飞孩子的大脑。如在一张纸上画一个小圆圈，让孩子们自由想象是什么，我说"谁猜得对就有奖"。孩子们就争先恐后地抢着说："是一个大句号，是月亮、太阳、地球，是乒乓球、篮球，是咱家门上的小猫眼，是鸡蛋、鸭蛋……"还比如我拿着一张白纸，让孩子随意进行想象。儿子先说："仿佛看到了白纸上有个红五角星，有个笑脸的胖娃娃。"女儿也抢着说："我仿佛将这一张纸折叠成小飞船、小飞机，正在天上飞呢。"儿子又争着说："我仿佛用这一张纸包了很多的巧克力、糖果。"女儿不示弱地说："我仿佛看见纸上画了山水美景、写了许多童话故事……"在儿子和女儿的争论中，我仿佛也被带进那幻想的世界……经常采用不同的形式让孩子动脑思维，久而久之就使孩子养成勤于思考的习惯，使孩子的右脑得到开发。

5. 利用创意开发右脑

创意是创造意识的简称，是对传统的叛逆，是思维的碰撞、智慧的对接，凡是具有新颖性和创造性的想法都是创意。创意是逻辑思维、形象思维、逆向思维、发散思维、模糊思维和直觉、灵感等多种认知方式综合运用的结果。

孩子的大脑天生就有创意功能，但若不注意引导孩子去思维、去激活，就是再聪明有智慧的大脑也会随着时间的推移自然关闭，所以要不断激励孩子通过创意进行有效思维，这也是激活右脑的重要途径。

（1）脑力激荡法

围绕某一主题，鼓励孩子进行思考，不局限于思考空间，思路越开阔越好，想出的主意越多越好。让孩子提出构想，做父母的不要急于评价，如前文提到的让孩子观察一张白纸进行想象……

（2）缺点列举法

可以针对某一件事情，多方探讨这件事情的缺点和漏洞，并进而探求解决问题的方法。

有一次，我将15千克黄豆和10千克绿豆混合在一起，让孩子每天用15分钟去分拣，并要求左手拣绿豆、右手拣黄豆，每隔5分钟左右手轮换，左手拣黄豆，右手拣绿豆。此举意在锻炼孩子的耐力（15分钟内不得干其他事情）、观察注意力（孩子只有观察准，专心致志才能将黄、绿豆分开）、右脑开发（通过孩子的左右手动作，训练了手的灵活性，同时刺激左右脑的活力。孩子拣了两天，开始厌烦："这样一个个地拣，什么时候能拣完？"我启发孩子："那你们动脑想一想，能不能借助其他的工具帮你们。"女儿说："要绿豆和黄豆有一种是铁就好了，用吸铁石就能把它们分开。"儿子说："绿豆和黄豆颗粒大小不一样呀……"女儿抢着说："能不能用一个网漏,将小的绿豆漏下来?"

两个孩子经过商议,胸有成竹地动手用钉子在一个纸盒子底部插了许多小孔。结果一尝试,绿豆还是漏不下来,原来是小孔不光滑。于是他们又用烧红的铁丝将小孔烧光滑,然后就利用自制的纸盒筛子,将黄豆、绿豆很快分开了。

(3)打破思维定势法

有一次,我给孩子出了一道思考操作题:用一根小蜡烛,一盒图钉,一盒火柴,让孩子把燃着的蜡烛固定在墙上,并且蜡烛油不能滴到地板上。

孩子积极地动脑想、动手尝试:开始他试图直接用大头针把蜡烛钉在墙上不成功,又试着将蜡烛烧融之后粘在墙上,还是不行。孩子抓耳挠腮的很是为难。这时我启发他:"要打破思维定势,打破常规知识的牢笼。"孩子又动脑开始苦思,边想边自言自语:"小蜡烛、一盒图钉、一盒火柴,盒、钉……"忽然,他恍然大悟说:"把图钉倒在桌上,之后将空图钉盒子钉在墙上,再将小蜡烛粘在盒子里,蜡烛燃烧的蜡油都会落在盒子里而不会落在地板上。"全家用掌声对他的想法表示认可。

对于孩子来说,鼓励他们产生创意,并不是为了让他们发明创造什么,而是要通过创意刺激大脑思维,达到右脑开发的目的。孩子创意时需要家长引导,在孩子日常的游戏中,可以随时鼓励他们,培养创意精神,打破常规做法,大胆去尝试、探索、创新。

第二章 外因是成功的前提

影响事物发展的环境因素就是外因。外因是事物存在和发展的条件，它通过内因而作用于事物的存在和发展，加速或延缓事物发展的进程。任何事物的发展仅有内因都是不够的，外因在事物发展过程中，不仅不可缺少，有时甚至能起关键性的作用。

影响孩子成长的外因有三个方面：一是社会，二是学校，三是家庭。家长若能把握好三位一体对孩子的影响教育，孩子就会顺利健康成长。

一、把握社会因素对孩子的影响

社会因素包括多个方面，有大的社会环境因素，也有周边小环境的人文因素、自然因素，这些外因对孩子造成的影响是潜移默化的。想法深远的家长为了孩子的健康成长，会经常关心国际新闻、国家大事，平时注意看书学习，丰富自己的理论知识，提高自己的道德素养，增强对真、善、美、丑的鉴别能力，从而对社会上的不良因素及早做出判断，在孩子的教育上采取相应措施。

例如著名的"孟母三迁"的故事。

我国古代著名的思想家孟子小时父亲去世，母亲靠纺纱织布维持母子生计，生活无比艰辛，但孟母依然努力要将儿子培养成材。开始母子二人住处的周围有几个二流子，整天游手空闲，去找孟子出门乱窜，甚至于还经常打架斗殴。孟母感到不安，若长此以往，孟子的学业不就被荒废了吗？

孟母第一次搬家，换到一个市场旁边，周围有很多做生意经商的人，还有屠宰牲畜的地方，非常嘈杂。孟子经常去一个铁匠家看打铁，到家就进行模仿，用砖头当砧，用木棒当锤，学着打铁的样子。于是孟母带着孟子第二次搬家了。为了找一个安静的地方，孟母将家搬到了荒郊野外的破茅屋居住，那里经常会看到浩浩荡荡、披麻戴孝的人群到荒郊野外举行殡葬仪式。孟子非常好奇，总在旁边看，到家后就玩办丧事的游戏，挖一个坑，将木棒当棺木，埋入坑内，还做出哭嚎、跪拜的样子。孟母见此情形，虽说生计还没有保障，来回搬家也是一种负担，但是为了给孟子找一个更适合他成长的好环境，她还是毅然决然地第三次搬家，将家搬到一个私塾附近。孟子经常到私塾周围玩耍，听到屋内书声琅琅，就凑到窗前观看，回家就坐在院中摇头晃脑，学着背书的样子。孟母非常欣慰，托人让孟子进私塾上学。有一天，孟母正在织布，孟子跑回家，孟母问他："还没有到放学时间，你回家有事吗？"孟子支支吾吾说不出话来。孟母知道孟子一定是逃学了，她举起剪刀，"唰"的一声将正在织布机上织的布剪断了，孟子一惊。孟母教训儿子说："学习就像织布一样，你不专心上学读书,就像断了的布,再也接不起来,也无法卖钱糊口。学习如果不坚持,半途而废,就永远也学不到知识,永远也不会有所成就。"孟母边说边呜呜咽咽哭了起来,孟子很受触动。从此以后孟子刻苦读书,终成一代儒学大师。

二、利用学校因素对孩子的影响

学校担负着多重任务,不仅要向学生传授文化知识,还肩负着对学生的思想教育、人生观教育和价值观教育的责任,教育学生如何做人、如何学习、如何生活等必备的品质能力。学校虽不是世外桃源,同样要受社会环境影响,但毕竟学校里的老师大多数受过高等教育和专业培训,基本具有较高的文化素养和较高的思想境界,他们承担着培养学生成才的重大任务。孩子的教育以学校为主,同时也需要家长的配合和支持。许多孩子对家长的好言相劝听不进去,却把老师的话当成"圣旨"。

但同时家长不能把教育孩子的责任完全推卸给学校,作为孩子的监护人要掌握孩子在校的学习、生活情况,配合学校及时给以有效的引导,保证孩子健康成长。

家长要尊敬孩子的老师,经常和老师沟通。这不仅是一种正常礼仪,也是保证配合学校对孩子更好施教的最有效方法。但家长和老师沟通一定要讲究策略方法,否则效果会适得其反。例如有些家长和老师沟通后,了解到孩子的一些毛病,回到家劈头盖脸就训斥孩子,家长本意是想借老师的话鞭策一下孩子,让孩子改掉毛病，把精力都集中在学习上，但结果呢，孩子认为老师是在打他的"小报告"，认为自己在老师眼里是不好的人，激起了孩子与老师的对立情绪，不但改不了毛病，还可能因此和老师的情感逐渐疏远，感觉不到老师和班集体的温暖。所以当家长和老师沟通后，即便发现老师对孩子有不好的认识，作为家长，为了孩子的长远发展，也应该努力改变孩子在老师心目中的形象。虽然家长无权命令老师改变对自己孩子的认识，但可以通过改变孩子的行为而逐渐扭转老师对孩子的看法。假若家长从老师那里了解情况后，换一换口气这样对孩子说："老师说你这段时间进步非常快，打架次数也明显减少了；还说你开始改掉贪玩好动的毛病，已经能坚持坐下来学习一段儿时间了，若能继续坚持下去，你一定是一个有毅力有志气干啥都行的成功者。"孩子听后一定会非常感激老师，认为老师没有歧视他，还能信任他，并看到他成功的希望。孩子会把老师当做知己，发愤努力，极力在老师面前表现自己。孩子的点滴进步老师都会看在眼里，老师对孩子看法的转变会促使师生关系更为融洽。当孩子感受到老师和班集体的温暖后，他就会极力用行动和大集体融为一体，孩子就会朝着健康的人生道路顺利前进。

让孩子尊敬老师，帮助孩子和老师增进感情，这不仅彰显中华民族美德的传承，也是教孩子学会感恩的一种美德教育，更重要的是通过孩子和老师的情感沟通，可以使他们的关系更为融洽。一个融洽的师生关系对于老师的施教、孩子的接受教育都是非常理想的境界。怎样培养老师和孩子的情感呢?我平时是这样做的:经常向孩子讲述教师工作的特性,使孩子从内心敬重老师, 并且乐于表达对老师的感恩之情。老师感受到学生的尊重, 会认为这是对他工作的一种肯定和认可,是对他心血付出的最好回报,由此师生心灵产生和谐共振,师生关系出现一种良性循环,师生相处得会越来越融洽。

三、重视家庭因素对孩子的影响

家庭是孩子的成长摇篮,家长是学生的启蒙老师,家长的每一个动作,每一句话,哪怕是一个眼神,都有可能影响孩子的行为习惯。家庭环境对于孩子的影响不容忽视。我遇到过许多家长, 他们也许没有能力教孩子更多知识,但他们的良好品行却潜移默化地影响了孩子。不管是酷暑盛夏,还是寒冬腊月,他们数年如一日地劳苦奔波,为孩子安心学习起到保驾护航的作用。孩子们耳濡目染,从小产生求知的欲望,学会做人的品质。这些品质的形成为孩子以后的成功奠定了良好基础。

所以说,外因虽然只是影响事物变化的其中一个条件,但不可忽视其重要作用,特别是作为家长的外因影响更为重要。好父母胜过好老师,家长的一言一行都会影响孩子一生,哪怕是家长的一个癖好,孩子也要去模仿,因为家长在孩子眼里永远是对的。

1. 吃苦耐劳,勤俭持家

中华民族有着吃苦耐劳、勤俭持家的好传统。吃苦耐劳是一种意志品质,指的是敢于面对困难,无惧艰险的毅力。勤俭持家是一种家庭美德，勤开路，俭守成，两者相辅相成。勤劳节俭、生活朴素，是自律的人品修养，是坚强的人格形象。

为人父母拥有吃苦耐劳、勤俭持家的品质是孩子汲取不尽的营养，是帮助孩子顺利完成学业的助推力。当孩子上学后，要面对诸多困难：数年如一日克服恶劣天气往返家校的坚持，承受社会、学校、家庭关注学习成绩的压力，还需要面对繁重课业负担的努力，处理学校与家庭、学习与作息之间关系的自觉，都需要孩子有敢于面对现实、勇于克服困难的顽强意志毅力。

我幼时因家境贫寒，受父母的影响，养成吃苦耐劳、勤俭持家的习惯，这个习惯也在无意间传承到孩子身上。儿子长大后到法国读博士时，在一封信中这样写道——

爸爸：

　　我来法国已经半年多了，学习、生活都已就绪，一切顺利，请勿挂念。

　　我刚来法国时，困难重重，举目无亲，人地两生。不仅要克服语言障碍（只会熟练的英语不行，还要熟练掌握实用法语），还要负责申请科研课题和科研经费、自己设计并组建实验室。虽然每天的休息时间不足三个小时，还要面对实验中无数次失败以及课题研究中的各种挫折，但我从来没有畏惧过。因为困难本来就是生活的一部分，它只是暂时的，只要正确面对，不怕吃苦，敢于攻坚，克服困难只不过是时间的早晚而已。如今我能在困难面前无所畏惧，其实是继承了您任劳任怨的品质。您吃苦耐劳、勤劳简朴的品质时常在激励着我。记得我上初中时，曾因学习上的一些挫折，一度很想辍学。当时您教育我"人一生都会遇到无数的挫折和困难，只要正确面对，不怕困难，勇于克服困难，它会磨炼人的意志和毅力。困难是成功的前奏，解决困难的过程就是迈向成功的开始，只有今天的苦，才会有明天的甜，苦尽甘来"。

我亲眼看见了，您天天夜以继日地操劳。学校工作您身体力行、率先垂范，做到样样圆满，年年被评为模范教师；咱家的责任田您勤耕细作，年年丰产丰收；咱家是个大家庭，您忙里忙外，敬老爱幼使几代人和睦相处，生活得幸福美满。

我记得每年的麦收，六七亩①的麦子都是您一镰一镰地收割，再把麦子打捆、搬运、碾打、扬晒、入仓；每年秋季四五亩的花生，都是您一锨一锨地铲出，再装车拉回家连夜摘果，天明又把花生果运到场里扬晒。从播种到收获每个环节都需您纯手工去做，对人体力的消耗已经达到极限，粒粒粮食都凝聚着您的心血和汗水。有一次，我帮您干活时手磨出了泡，咬着牙勉强坚持，您心疼地说，"你回去休息吧，我自己能行"。我已经累得受不了了，看您还在干，自己又不好意思休息，就说"咱以后把

① 亩，市制单位。1亩约为666.67平方米。

地给别人种吧"。您笑了笑说,"吃不消了吧?只要你心里有奋斗目标,为了这个目标,就是再苦再累都能承受。我就是为了养家糊口,把你们顺利拉扯大,为将来能让你们上大学多创些收入,所以再苦再累也很乐意,因为今天的苦就是为了明天更甜"。那时我才真正体会到,您每天不是不累,您的劳动强度要比我体验到的多上数十倍,您都是微笑面对,是因为您为了我们、为了这个家,再累也不怕。

您为学校、为家庭付出的太多了。正是因为您这种吃苦耐劳的品质,对我们耳濡目染,才使我们感受到学业的苦不算什么,才使我坚定了上学的信念,培养了坚强的意志和毅力,在层层困难面前无所畏惧。您放心吧!从您身上汲取的精神营养,一定会使我走向成功的未来。

培养孩子吃苦耐劳、勤劳简朴的好品质,不仅能够激励孩子发愤学习、努力拼搏,同时也可养成孩子不盲目攀比、不追求享受、不随意挥霍的良好生活习惯,孩子会因此受益一生。

2. 爱岗敬业,恪尽职守

作为孩子的家长,干什么工作并不重要,重要的是工作的态度。只要家长在自己的岗位上任劳任怨、勤勤恳恳、兢兢业业,靠自己的勤奋和智慧创造正当收益养家糊口,就会激励孩子专心学业、奋力拼搏、敢于攻坚。家长爱岗敬业、恪尽职守感染孩子,孩子用在学习上，那就是一种取之不尽、用之不竭的精神力量。

我的孩子曾经写过一篇作文——《我最尊敬的人》，他这样写道——

让我尊敬的人很多，但爸爸是我最尊敬的人。

爸爸在家是位好父亲，在校是个好老师。他勤劳简朴、任劳任怨，他有极强的事业心和责任感，他从来不知道什么是清闲和懒散，每天只睡五六个小时，除此以外他会整天忙碌着。他从来不与别人聊天、喝酒、打麻将，就是看电视也只有星期天陪我们一块儿看一会儿。他常教我们如何学习、如何做人、如何做事，还教育我们"人生一世，不能碌碌无为，要有争胜心和事业心，要爱岗敬业，恪尽职守，干一行爱一行。不求一辈子轰轰烈烈，但要求干出一番事业，成为对社会有益之人"。

我爸爸在校更是个"工作狂"，每天披星戴月、早出晚归。早上满天星星伴着他去喊学生起床，再一块儿去跑操；晚上安排好学生就寝之后又开始自己的办公时间。有教师请假，他会主动顶岗；学生有病，他会背着送医院，有学生交不起杂费，他就拿工资抵上。每个学生的家门口朝哪儿，他一清二楚。他爱学生超过自己的生命。为提高工作实效，他牺牲个人休息日，进行函授进修，攻克重重难关，钻研课题、深改教研。他对学生的作业大部分都是面批面改、当面辅导。

爸爸强烈的事业心和责任感，受到了同事的

肯定,家长的赞誉,不仅使我为之敬佩,更重要的是使我贪图享受的欲望吓跑了,想逃学、偷懒的念头也荡然无存了。在爸爸敬业精神的感召下,我立下壮志、树下雄心,发愤学习,用实际行动去创造辉煌的明天。正是因为爸爸在事业和生活上的身体力行,才让我对人生价值有了正确的认识,才使我走向未来的成功有了汲取不尽的能量,所以我特别尊敬我的爸爸。

看了孩子的作文,我感触颇多。家长的一言一行,孩子都有可能去效仿,给孩子注入正能量,他就会健康成长,否则,就有可能荒废一生。假若家长游手好闲,不务正业,那么他的孩子怎会志向宏大,积极进取,顽强拼搏?所以家长要在平时的生活中,吃苦耐劳,尽职尽责,顽强拼搏,积极进取,孩子才会仿而效之,在学习上刻苦用功,不怕困难,勇攀高峰。

3. 尊老爱幼,和睦乡邻

尊老爱幼,和睦乡邻是中华民族的传统美德,尊老爱幼,和睦乡邻,也是家庭对孩子良好品质的启蒙教育。通过日常的一些行为事例,父母对孩子以身作则,循循善诱,事中有教,以事明理。

在外面,我常教育孩子把方便让给别人,不随意与人争吵,多用文明语"对不起、没关系"。在家里,我常给我的老父亲洗头、洗脚、擦身……让孩子帮忙端水、拿毛巾,做一些力所能及的事情。我每天陪老父亲聊会儿天,让老人不孤单寂寞,享受晚年的天伦之乐,这些都让孩子陪在旁边。邻里之间和睦友好，夫妻之间有谦有让，让孩子感受到生活的幸福美满。孩子在一篇日记中曾这样写道：

"我生活在和睦的大家庭里真是太幸福了，我没有理由不把自己的学业搞好，以报答父母。"

家长尊老爱幼、和睦乡邻的品行，就是对孩子无声的教育，不仅使孩子有一颗善良的心，同时会使孩子在日常行为中很自然地自我约束，在学校尊敬老师、团结同学，在家中孝顺长辈、友爱手足。能尊敬他人、团结他人的人，怎能不受到他人的好评和支持呢？得到大家支持的人，做事成功率也会很高。

4. 惜时守信，诚实高效

惜时守信的人做事高效，诚实待人，可以说，惜时守信，诚实高效就像一轮圆月衬托出人对待生命的态度，就像一个砝码衡量出每个人的价值观。不能说有时间观念的人都能成功，但是，成功者大多有很强的时间观念。

家长在日常行为中有没有严谨的时间观念，会对孩子的时间观念强弱产生直接影响。有一次，我要召开家长会，预定上午八点半开始，但是早晨一位老师突发疾病，当我送了老师去医院，回到家时，已经八点了。我顾不上吃早饭，急忙就要去会场。孩子拽着我说："你是校长，推迟一会儿开始也没什么呀！"我说："我一顿不吃饭不就是肚子受点儿饿？但我若没有时间观念，开会迟到，就会失去大伙对我的信任，下一次再通知开会谁还会准时参加？失去的信任是不容易补回来的哟。"我妻子劝我："有些学生家长可能也会迟到,晚开始一会儿正好等人。"我告诉妻子,也是说给孩子听:"我在会场等着他们可以,可不能让人家等我。假若我迟到了,人家会想,提前到场也开不成会,干脆下次也迟到。这么一来,'八点开会,九点到,十点不误听报告'的不良会风就会蔓延。"

没有时间观念的人,往往不会珍惜时间,更不会充分利用时间,也从不考虑做事效率。一个人对时间的态度其实也反映出他的上进心、事业心、责任感、使命感。时间观念强的人一定会合理安排时间、充分利用时间,不会因浪费时间而使自己沉沦一生。

一天下午孩子放学回家后,很快完成了自己的学习任务,非要我陪他一起玩儿不可。我说:"咱俩不是有约在先吗?放学后,咱都先完成自己的任务后再一起玩儿。我还没有完成任务呀。"孩子不高兴地说:"那你晚上再去办公不行吗?"我告诉他说:"时间观念是提高做事效率的前提,计划内的任务必须完成。假若把事情拖到晚上去做,晚上的事情怎么办呀?所以,只有时间观念强的人,才能保证你的任务时时清、天天清、月月清,才能保证你的做事效率,才能保证你的成功。"

孩子从家庭日常生活中感受到建立严谨时间观念的重要性,从而平时做事守信、高效,从不拖拉、磨蹭,上学期间不迟到、早退、旷课,保证及时完成学习任务,为持续提高学习成绩奠定了良好的基础。

勤奋的人一定会抓紧时间,求知的人一定会利用时间,有志的人一定会珍惜时间,好学的人一定会挤出时间,上进的人一定会追求时间,忠诚的人一定会遵守时间。孩子一旦建立严谨的时间观念,他,离成功也就越来越近了。

　　外因是影响孩子品行学业的重要因素,家长要把握好外因对孩子所造成的影响,做到以下几点。

　　●常和孩子交流,建立融洽关系。

　　●不要因孩子偶尔有错,揭孩子伤疤。

　　●注意让孩子在困境中接受考验,培养其抗挫折能力。

　　●及时表扬,鼓励孩子。

　　●关爱孩子,适当惩罚,不护短。

　　●尽可能不让孩子长期离开身边,不能因有隔代人管护而逃避教育责任。

　　●对孩子承诺的事情尽可能兑现。

　　●不能说孩子"笨",更不能说孩子比别人"差"。

　　●要培养孩子的自信,不能嘲讽。

　　●培养孩子的劳动习惯,使其树立自食其力的思想。

　　●让孩子学会尊敬他人,只有尊敬他人才能得到别人的尊敬。

　　●家长在孩子面前不能有过分行为,将好的形象留给孩子。

　　●尽早培养孩子的独立自主性。

　　●经常询问孩子在学校的情况,及时配合学校工作。

● 家长的争吵一定要避开孩子。

● 切忌让孩子做作业对家长有依赖性。

● 引导孩子多读书、读好书。

● 鼓励孩子要善于和自己见解不一致的人交往，只有这样才能扩大视野。

微信扫码 立即获取

听大师讲儿童教育
☆ 幼儿教育100讲
☆ 儿童教育心理学

第三章 好的方法是教育成功的开始

方法是人们认识世界、改造世界的一般途径,是人们观察事物和处理问题的手段。简单地说,方法就是解决问题的金钥匙。

一、家庭教育方法

家庭教育是大到一个家族小到一个家庭的长辈对晚辈的教育,是中华民族传统文化的一个侧面。家庭教育的内容甚为广泛,包括德育、智育、美育等多个方面。家庭中的长辈言传身教,潜移默化地处处对后辈产生着影响。"养不教,父之过",家庭是孩子的第一"学校",孩子的成功与否,家庭教育具有举足轻重的作用。

1. 言传

我们都知道,思维支配行动,思想是行动的先导,语言是思想的一种表达形式,所以有其言必有其行。言传教育可以通过人的感官形成思维,使人对物和事产生分析和认可,从而导致人的各种行为活动。言传有讲故事、摆道理、劝导、表扬、批评、协商、讨论、借鉴、激趣等方式,家庭教育中的言传要动之以情,晓之以理,要明确、具体,恰到好处。

为了使孩子的思想不受到负面影响，保证其能健康成长，我平时在孩子面前讲话非常谨慎，不会随心所欲，以免给孩子造成误导。我常对孩子讲："只有别人尊敬你，你才有可能得到别人的帮助。要想得到别人的尊敬，首先要尊敬别人，以理服人，为人正直，做事正派，一定要当好人。孩子由于长期受到正面的熏陶，从思想上就对自身的行为进行约束，砥砺品行，从小到大，他们的学习、工作大都很顺利，这和从小受到的正面教育和正确引导是分不开的。

孩子的心灵就像一张白纸，可在上面画出五彩缤纷、绚丽多姿的美丽画卷，也可在上面胡涂乱画弄得面目全非、污迹斑斑。家长若是不注意自己的言行，就有可能使孩子的心灵变成一张"废纸"，使孩子的思想从小受到污染。

有这样一位家长，做小生意靠的是投机取巧、坑蒙拐骗，别人都说他是"见利忘义占小便宜"。他不以为耻，还常在儿子面前洋洋得意地总结"经验"："重信誉的人都是傻子，信誉能值几个钱，和任何人处事都不能太实厚，十天骗一个人，一辈子有骗不完的人。"平时他还常说："咱村那个谁，初中没毕业，就去当老板，一年收入五十多万元。还有那个上大学的，花了不少钱，可到现在也没找到工作。"家长的这种思想通过不经意的语言，对孩子在无意识中产生了负面影响。本来孩子十分上进，想在学业上有所成就，可是潜移默化中孩子的思想发生了退化，当他在学习中遇到挫折困难时，很自然就会打退堂鼓，就想：何必把苦吃在学习上，靠学习闯出名堂来太慢，干脆走捷径及早挣钱发财致富。孩子初中二年级就辍学去一家工厂打工挣钱。下班到家后，家长看到孩子很累的样子，又告诉他说："傻孩子，要学会磨洋工，不能真掏力，要学会'灵活'，不能太死眼皮。"还将怎样磨洋工的"法则"传给孩子。

后来孩子又做了很多小生意，都没有成功，反而欠债无数，他只得躲债出走，至今没有音信。家长的语言教育，将本来前途大好的孩子送上歧途，致使孩子荒废一生。

家长的言传，就是给孩子的"洗脑"。正面的教育，可使孩子养成良好的品质，受益终生；错误的教育，却使孩子受到误导，品行不端，误入歧途。

2. 身教

家庭是孩子的第一所学校，父母是孩子的启蒙教师。家长的一言一行，或者是一个眼神，一句话，一个动作，一个不经意的举止，都可能影响孩子终生。

很多家长很纳闷，孩子这么小，怎么有这么多坏习惯？他是怎么学会的？是谁教会的呢？这孩子的毛病是什么时候学会的？其实，当家长对孩子的毛病进行认真分析，就会发现，孩子不好的习惯，都是家长自己的习惯，只不过是从孩子身上体现了而已。

要想将孩子培养成具有良好品质的栋梁之材，家长自身必须具有高尚品质，良好道德素养，否则就不能起到正面的"身教"。父母"望子成龙，望女成凤"，可只有当自己成了龙、成了凤，孩子才会离成龙、成凤越来越近。家长的身教作用是任何教育方式都不能与之相比的，是任何教育方法都无法替代的。世界著名家庭教育家马尔库沙曾经说："孩子的目光就像永不休息的雷达一样，一直在注视着你。"世界文学巨匠列夫·托尔斯泰也说过："教育孩子的实质是教育自己，而自我教育则是父母影响孩子最有力的方法。"因此，培养自身高尚的品格修养、良好的生活习惯是每个父母努力的方向。

作为父母，其身正，不令则行。为了能够教育好孩子，我会先从书本中寻求帮助，比如《父母决定孩子成败》《窗边的小豆豆》，还有《好妈妈胜过好老师》《孩子，把你的手给我》《捕捉儿童敏感期》等等。我不仅从书中学到了教育孩子的方法，同时也提高了自身的素质，更重要的是，我的认真学习行为对孩子起到潜移默化的正面影响。我的孩子刚上中学的时候一度非常贪玩，放学之后，书包都顾不得往家送，就和同伴去网吧或是旱冰场，经常很晚才回家，两眼熬得通红，白天在课堂上睡大觉，作业不会做，成绩下滑。我看在眼里急在心里，但是，各种大小道理都讲尽，对于孩子还是无济于事，只凭言教很难改掉孩子不良的学习习惯，于是我决定换一种方法，改为以无声的身教去影响孩子。从那时开始，每天晚饭后我坚持两个小时学习，雷打不动。其他的事情再重要，不是提前做，就是往后推，以免和我的学习时间产生冲突。开始孩子每次玩过后回家，看到我在一丝不苟地学习，还不以为然。这样过了一段时间，有一天晚饭后，孩子看到我在学习，没有出去玩，自己也悄悄坐在桌前看起了书。在之后的两个星期,孩子的学习还有些不得已而为之的味道,心不在焉,敷衍塞责,总想趁我不在家时偷偷溜出去玩,可孩子又觉得应该认真学习,在矛盾的心理下,终于坚持下来,开始踏踏实实和我一起看书学习。他还问我:"爸,您为什么日不错影地坚持学习?"我趁机教育儿子:"只有不断学习,才能不断丰富自己的知识。有了丰富的知识,才使我对工作驾驭自如。学习是自己的事情,任何人都是无法替代的。学习不能蜻蜓点水,只有持之以恒,长久坚持才能学到更多知识。"儿子慢慢回到正常的学习轨道,感受到学习的乐趣,对获得知识无比渴求。所以,家长的无声教育是对孩子最有效的示范,孩子会因此效仿并内化成自己的行为。

　　我有一位学生的家长,每天唠叨孩子"不争气""不好好学习,我看你将来指望啥""让你学习,没有一点耐性,坐不下来"诸如此类的话,心血来潮时决定监督孩子学习,可只坚持了两三天,就感到非常难熬,这位家长无聊地打着哈欠,偷偷躲在屋内玩起游戏。儿子按规定坚持一个半小时学习时间,准备去向父亲讨奖励。父亲玩游戏正入迷,很不耐烦地说"去去去,你去睡觉吧"!于是父亲的"陪学"变成了玩游戏,本来就坐不下来学习的儿子也随便看几眼书,不再向父亲"夸功",干脆睡大觉。就这样,父亲爱玩游戏,儿子也爱玩游戏,父亲明着玩,儿子暗地玩,父亲没有事业心,孩子就不会把韧劲用在学习上。

　　后来,这位父亲从老师那里得知孩子的学习情况之后,改掉了自身的毛病,认识到身教的重要作用并身体力行,孩子在家长的身教下,逐渐变得自觉、主动、刻苦、勤学。

3. 理念

要想让孩子成才,家长也必须具备成才的理念。有能力有想法的家长,会因人、因事不同,采取不同的教育方法,为孩子的发展起到催化作用。

孩子从小到大是一个接受教育的过程,只不过是随着年龄的变化,方法有所不同罢了。例如,一个蹒跚学步的小孩没看到脚下的石块,"扑通"一声绊倒哭了。有两个家长对这同一件事,就有两种不同的教育方法。第一个家长赶紧扶起孩子,心痛地说:"宝宝,别哭,路坏。"并用手打路:"路坏,打路、打路。"另一个家长则鼓励孩子说:"宝宝,别哭,自己试一试看能不能站起来?"孩子经过几次尝试,终于站起来了,妈妈开心地抱起孩子亲脸蛋:"真乖!"

对孩子的爱,人皆有之。第一个家长,将孩子的失误简单地归罪于路,路又何错之有? 这样做等于变相地告诉孩子:"你的走路方式是正确的,错的是路不平。"长此以往,会导致孩子做任何事都不从自身查找原因,遇到困难就逃避。跌倒几次无关紧要,要紧的是将孩子扶起的同时培养孩子坚强不屈的精神。第二位家长让绊倒的孩子自己学着站起来,就是在培养孩子自强不息的精神和勇于战胜困难的勇气,并和孩子寻找其被绊倒的客观和主观原因:客观就是石块路障,主观就是"不小心"没看路。如此长久教育下去,孩子在困难面前就不会退缩,并能从客观和主观查找失败原因,在以后的人生路上还怕有克服不了的困难吗?

还有一个例子,两个孩子第一天上学,放学回家后,第一个孩子的爸爸问:"今天学了啥字,来给爸爸写一写。"第二个孩子的爸爸问:"今天在学校你观察到了什么?老师对学生都有啥要求?"第二个孩子说:"看到很多人,有一个小孩子还哭着让爸爸陪着他上学,还见到了……我的老师是个女张老师,教我尊敬师长,团结同学,要学会整理玩具、书包,不迟到,不早退。"爸爸随听随夸奖说:"儿子真棒,观察那么仔细。你认为那个小孩让爸爸陪学好不好?"儿子说:"不好。"爸爸接着说:"对呀,上学是自己的事情,爸妈是无法代替的。以后要听老师的话,尊敬师长、学会自理……"这两个孩子在同一所小学同一个班级学习,第一个孩子升初中时成绩非常优秀,第二个孩子升初中时成绩一般。再后来第一个孩子没能考上高中,只能四处打工。第二个孩子则读到博士学位,为国家做出了更大的贡献。

分析其原因,两个孩子的家长都很关爱子女,但教育理念不同,导致教育方法差别很大。

第一个家长从孩子上学的第一天开始,关注的就是获得"鱼"的多少,而没有关注"渔"的本领养成。家长每晚辅导补习,把学校学习的知识再重新细讲数遍,在无意中,使孩子的"学"完全依赖于家长的"教"。孩子在家长的"教"下,起初成绩确实很是优秀,到了初中,孩子"学"的依赖习惯已经养成,还等着家长的"教",可是家长由于知识水平有限,对初中的知识不能"教"了，结果孩子也不会"学"了。所以，当孩子学业上遇到困难，家长只能是心急如焚，束手无策，看着孩子学习成绩逐渐下滑也无能为力。望子成龙，每天陪学无可厚非，但不注意陪学的方式方法，不注重对孩子基本素质的培养，每天手把手地教孩子学习，孩子的学习成绩可能一时会好，但自学的主动性荡然无存。学习是自己的事情，要获得知识只能靠孩子自己，要从长计议，让孩子自己掌握获得知识的方法，从培养孩子的良好学习习惯入手，为孩子长远发展打下好的基础。

第二个家长自从孩子进校门的第一天起，关注的就是怎样掌握"渔"的本领，而不把一时的"鱼"的收获作为重心。这位家长平时很关注孩子的自学能力，但从不辅导具体学习内容。当孩子遇到学习困难请教他时，家长从不直接给出答案，都是启发孩子自己思考，让其通过自己的努力找出答案。如果遇到家长不会的题也是诚恳地说自己不会，但会主动和孩子一起学习，最终找到答案。孩子到了初中、高中，靠从小获得的学习方法，知识越来越丰富。这位家长从孩子入学的第一天，就注重孩子的能力培养及良好行为的养成，问孩子"今天观察到了什么"就体现了培养孩子观察能力的理念，因为有很多知识是靠观察获得的，让孩子在叙述看到什么的同时，培养孩子的表达能力，同时还和孩子一同分析那个淘气的孩子，要让爸爸陪学错误的原因，强调了学习是孩子自己的事情，打消孩子的依赖想法，要求孩子听老师教导，就是要孩子尊敬师长，团结同学，学会守纪，生活自理，从而养成好的行为习惯。当孩子遇到难题问及父亲时，父亲对不会的问题从不隐瞒，会的就是会的，不会的也不装懂，这种诚实的态度对孩子的学习是非常有益的，因为知识的学习来不了半点儿虚假，只有踏踏实实地学习才能使自己获得丰富的知识。即便是家长会的知识，也要讲学习方法，让孩子靠自己去获得知识。长此以往，孩子掌握了解决难题的法宝，用这种"法宝"，还有多少知识学不会？有多少困难克服不了？

二、孩子的学习方法

学习方法就是人们从学习实践中总结出的快速掌握知识的方式、途径。虽说"学无定法"，但学要得法，只有结合他人的学习方法，摸索出切合自己的方法，才能有事半功倍之效。

联合国教科文组织国际发展委员会编著的《学会生存》一书中指出："未来的文盲不再是不识字的人，而是不会学习的人。"可见掌握科学的学习方法是一种快速掌握知识的捷径。如果家长能够帮助孩子掌握一定的学习方法，就会有利于提高孩子的学习效率。

学习方法有很多，把握住三个方面最重要。

1. 为什么而学习

孩子为什么学习？这个问题解决不好，孩子会很难产生学习动力，连学习动力都没有，谈学习方法还有必要吗？

学习动力来自多个方面。从最近的说，就是一节课，让孩子带着解决某一问题的渴求，产生学好这一节课的愿望；稍远一点说，引导孩子带着解决生活实际困难的想法,要将学到的知识随时用于生活实际,产生一种成功体验,从而产生学习动力;从长远讲,培养孩子要学有所成,树立远大人生理想,带着对知识的渴求产生极大学习愿望,这是最持久也是最积极的学习动力。

最开始的学习动力大多来自学习兴趣。孔子说:"知之者不如好之者,好之者不如乐之者。"这是说学习一定要对所学知识产生兴趣,有兴趣,才能激发学习热情,激发好奇心,才会自觉自愿地去学习。积极的学习态度能极大地调动学习者的智慧,调动学习者的潜在意识,而且有了学习兴趣可以使人产生持之以恒的坚强毅力。当一个人的学习动力来自内心,来自对知识的需求,对知识的渴求,学习效果是惊人的。

作为父亲,平时我经常会结合生活实际来阐述知识与生活的紧密关系,以证明知识的重要性,并以此来激发孩子的求知欲望。例如美味饭菜的烹调,粮食的生产,油盐酱醋的来源与使用,还有每个人穿的衣服,喝的饮料以及学习用品、生活用品的生产和使用,这些都和知识有着紧密联系。就连自身的成长发育也需要卫生常识、营养常识、保健常识、安全常识做保障。从生活的一点一滴,让孩子懂得知识无处不在,无所不用,从近处说为了自身的生活质量,从长远说,为了报效祖国,都必须拥有足够的知识。

作为教师,我在每次授新课之前,都会先向学生讲述如何树立明确的学习目标。比如我会根据本节授课内容设问几个问题,让学生的大脑处于最积极的思维状态,把授课时间变为学生的学习时间,让学生带着问题自主学习,从而让学生明确为什么学习,以此来激发学生的求知欲望。这种欲望就是学生认真求知的强大动力,他们主动配合老师,认真钻研,极力探索,大胆质疑问难,从而获得更多的知识。知识就是在发现问题——解决问题——成功体验——产生浓厚学习兴趣的过程中逐渐深化、牢固的。极大的学习动力才能使学习效率得以大大提高,所以一定要让孩子知道为什么要学习,为什么而学习。

2. 怎样去学习

家长对自己孩子的学习都是很关心的,但关心的方式各有不同。有的强迫孩子学习,有的监督孩子学习,还有的和孩子一块儿同步学习,而真正教孩子学习方法的并不多见。如果家长明白把适合的学法教给孩子的重要性,那么孩子的学习效率一定会大大提高。

学习方法之多,令人眼花缭乱,但只要课前会预习、课堂会听课、课后会复习、日常能应用,知识就能牢牢掌握在自己的手中。

(1)课前预习

要想学习成绩优秀,就必须学好每一节课,课前预习就是学好每一节课的重要前提。家长要怎样引导孩子做好课前预习呢?

首先,要告诉孩子为什么要预习。对于孩子来说,只有知道为什么要提前预习,才能产生预习的主动性和养成坚持预习的良好习惯。

通过预习,可以让孩子先对教材有一个大致了解,在听课时就能带着问题去学,突出重点,有利于提高学习效率。通过预习，还能及早发现自己的知识存在哪些缺陷，从而查遗补缺，为接受新课的知识打好基础，从而对新学内容印象会更加深刻，能增强对所学知识的理解与记忆。

其次，要让孩子知道预习什么。只有明确预习啥，才能产生更好的预习效果。通过预习发现问题，有所体会，都要及时记下来，在教材上标出记号，以便听课时重点注意。对新课后边的习题也要粗略浏览一下，难度较大的问题，可以在学习新课时更加注意。

第三，要让孩子会预习。掌握了预习方法，可以提高预习效率。预习时可边读边想，如新的公式、定理、定义，要多揣摩，对疑点、难点要仔细思考，对读不懂的地方，要标出疑问，要把握重点，抓住新知识的关键点去思考，去突破。预习时可先整体预习，对本节课或本单元内容先有一个粗略了解，以求有一个初步印象；然后再分层预习，将学习内容按照一定的原则划分层次，逐层预习，最后合为一体。例如语文学科，按字、词、语法、题材写作方法来划分层次，纵向归类，较之全面预习，分层预习印象更深，思路更清。

总之，预习要从实际出发，预习不是复习，它的主要目的是对新知识的学习做到心中有数。

记得我的孩子刚上初中时没有课前预习的习惯，导致上课学习时没有目的，注意力不集中，大脑时常开小差，课堂内容一般难以当堂消化，课下作业无法按时完成。没有目的的听课，没有目标的学习，导致孩子缺乏学习动力和主动学习的自觉性。通过对孩子一段时间学习情况的了解,我找到症结所在:没有课前预习,导致孩子学习目标不明,致使课堂上学习效率低下。我决定引导孩子培养课前预习的习惯。

当时在课堂上孩子刚学过《氧气的实验室制法》,我就针对这堂课的内容给儿子出了一道试题:"实验室制取氧气结束后,是先撤酒精灯还是先撤导气管?为什么?"儿子抓耳挠腮地乱猜:"应该先撤导气管吧?"我追问他:"你猜对了,为什么呀?"儿子吞吞吐吐、支支吾吾讲不出所以然。我引导说:"老师讲实验室制取氧气注意事项时,再三强调的就是这一点。若实验结束后先撤掉酒精灯,就会因降温致使试管内压降低,导致水槽里的水顺导气管倒流,热试管遇冷水相激,就会炸裂,引发事故。假若你能在课前预习发现这一问题,一定会在课堂有目的地听老师解答,所以有目的地听课是解决疑惑提高听课效率的关键。每一节课老师都会把重点、难点讲得一清二楚,只要能课前预习,然后带着一种疑惑、带着一种目的、带着一种求知欲望去听讲,一定会把老师讲的内容掌握牢靠。要想提高听课效率,就必须课前预习呀。"

儿子听我讲了课前预习是顺利学会新课知识的前提,虽有所感悟,但还没有真正触动。为了让儿子尝到课前预习的甜头,在他上《氢气的还原性》实验课之前,我就对他说:"这节实验课必须按程序操作,否则会引发大事故。"儿子惊讶地问:"这么严重?"我说:"当然!甚至会危及生命。"儿子一听易发事故,就紧锁眉头,显得非常慎重。我又说:"上完这堂课我得考考你,你要小心啊。"儿子被激起了强烈的求知欲望,很自觉地把要讲的新课的内容反复看了好几遍,并且一会儿问这,一会儿问那,我告诉他说:"预习的目的,就是发现问题。发现问题的过程就是获得知识的过程,发现的问题越多,听课时注意力就越集中。你把发现的问题记下来,等听过老师课堂讲解自然就会明了。"结果当实验课结束后,还没有等我对他进行测验,他就兴高采烈非常自信地讲起来:"实验前,先通氢,再点灯。实验后,先熄灯,再停氢。否则先点灯,再通氢,易爆炸。先停氢,再熄灯,易氧化。"我听着儿子眉飞色舞地描述着,高兴地伸出大拇指:"今天给你一百分!假若每一节课都能如此熟练掌握,可想而知你的知识拥有量是非常惊人的。你再总结一下经验,为什么今天这一节课能够掌握得这么好。"儿子开口就说:"课前预习能带着目的听课,能使听课集中精力,不开小差,是提高听课效率的最佳方法。"

尝到课前预习甜头的儿子,以后不管再忙也要挤时间课前预习,这种学法也成了儿子提高成绩的制胜法宝。

(2)课堂听课

会听课,弄懂知识点,对提高学习成绩是很关键的一步。若不会听课,对新知识一知半解,要想全面提高学习成绩就是一句空话。

孩子很多的知识,主要是靠课堂学习获得的。家长虽不能代替孩子听课,但可以帮助孩子学会听好课,提高课堂听课效率。那么怎样才能会听课、听好课呢?

首先是课前要做好准备工作。

准备好学具：如课本、笔记本、练习本及其他相关学习用品，以免上课了还找不到学习工具，导致心绪紊乱而影响听课效果。

准备好新课学习所需要的相关知识：温故而知新，做好预习，把握新课的知识点，对于新知识的重点、难点，有足够的心理准备，为顺利获得新知识排除一切知识障碍。

准备好心态：尊敬各个学科的教师，对每位老师的辛苦劳动要表示感谢并配合老师的教学工作。若没有一个好的心态，对某一科老师产生反感，可能会导致你对该科知识的学习也丧失兴趣。所以教育孩子课前准备充分，也是帮助孩子获得知识的一个重要途径。

其次要认真听讲。

听课必须专心致志，一丝不苟，第一要心到：即跟上老师的讲课思路，在大脑内不停地思考并提出疑问；第二要手到：即动手记下重点、疑惑点；第三要眼到：即看到老师演示操作及老师对某个知识点讲解的手势表情和板书内容；第四要听到：即主动回答老师所提问题，质疑问难，在老师允许时和同学热烈讨论。

听课要做到胸中有数。本节有什么重要内容可学，本节内容对以后学习、生活有多大作用，本节课与过去学的知识有无关联。听课要把握重点，掌握要领，而不能主次不分，眉毛胡子一把抓。因学科有异，听课的切入点有所不同。如文科以认读字、词、句，注重情感关系，理解词意、段意、文意，并会分析课文结构、写作特点,学会写生活应用文和一些相关文章等为学习重点。理科则逻辑性较强,重点把握概念、公式、原理、定义,知识的前后联系,循序渐进以及一些运算方法的掌握等等。切忌老师对难点强调多遍还心不在焉,不求理解只管做笔记,一堂课忙个不停,主次不分,大脑灌得满满的;课堂结束脑海就变得一片空白,结果一无所获。课堂上还要学会合作学习,力争知识共享,自己所学收获,会的知识也要说给他人听,大家一起讨论,以此来验证获得知识的准确性。不会的知识,也要主动提出疑问,通过别人回答,讨论,吸取借鉴他人的学习成果。因为提问题的过程也是通过大脑思考的过程,所以当别人回答时,大脑的集中力更强,对知识理解记忆也更深。

第三就是做好笔记。

课堂笔记是通过接受课堂信息经过大脑思考来完成记录的一种学习行为。课堂上老师对问题的设置、分析、解决方法是笔记的主要内容,一定要记下来,为将来进一步巩固消化当堂知识留下依据。好的笔记不是对老师的原话一句一字不漏记下,因为记速跟不上,反倒容易漏听了重点。反之对老师所讲的内容只对大标题记录详细,却无具体内容,对于课后复习也无实用价值。做笔记要详略得当,主次分明,即简明扼要又眉目清楚,一般情况老师在黑板写的都是重点和难点,一目了然,所以一定要记下来,对一些疑问、疑难点要标出来等抽时间请教老师或同学。为了提高笔记速度可使用一些符号、代码、省略号,但必须保证自己回顾笔记时能看得懂。课下尽可能将笔记重新整理，使之具有系统性，条理性，为更进一步加深对知识的理解、巩固，积累更多资料。

（3）课后复习

为什么要复习呢？德国一位心理学家艾宾浩斯通过多年的研究总结出人的大脑对新事物遗忘的规律。遗忘在学习后立即开始，但遗忘的进程并不平均。最初遗忘速度很快，以后逐渐缓慢，如下表格所示。

时间间隔	记忆量
刚刚记忆完毕	100%
20 分钟后	58.2%
1 小时后	44.2%
8—9 小时后	35.8%
1 天后	33.7%
2 天后	27.8%
6 天后	25.4%

既然掌握了人脑的遗忘规律，那么怎样提高记忆力呢？

艾宾浩斯又做了一个实验：两组学生学习一段课文，甲组在学习后不复习，一天后记忆率仅剩 36%，一周后只剩 13%。乙组及时复习，一天后保持记忆率的98%，一周后保持 86%。14 天乙组又重新复习后，结果信息在大脑基本上形成了永久记忆。由此可知，输入的信息在经过人注意过程的学习后，便成为人的短时记忆，但是不经过及时复习，这些记住的东西就会遗忘，而经过了及时复习，这些短时记忆就会成为人的长时记忆。人对于新事物接触学习后，在 5 分钟后重复一遍，30 分钟后再重复一遍，1 小时后，1 天后，2 天后，4 天后，7 天后，15 天后，重复若干次，新知识就会记得很牢。大脑对知识的记忆就好像折叠一张白纸一样，第一次折后，折痕很容易消失，如果连折几次，折痕就永远不会消失了。例如很多人小学时候学的乘法口诀，长大后还记忆犹新，就是因为它在人脑里常"复习"变成了永久"折痕"。

温故而知新，说的是对学过的知识进行巩固，同时又获得新的认识和体会。学过的知识有吃不透的，被忽略的，模糊不清楚的，通过复习，都能被重新注意到。在复习的过程中，掌握新旧知识的内在联系，使知识系统化，从而达到融会贯通的目的。

作为家长，要如何帮助孩子做好复习呢?

教孩子学会视觉化复习。复习时，家长可以告诉孩子把学过的知识，特别是关键问题，像放电影一样，在大脑中放映一遍。这样做，是检查当天听课效果的有效办法。孩子可以边回忆边对照书本，也可以回忆后再看书，或者动手在草稿纸上把回忆的主要内容写出来。这样反复与课本对照，查缺补漏，不但能够把知识点记全，还能记牢。

协助孩子循环复习。学完一部分知识后，要及时进行一次复习。当学完下一部分知识后，再对上一部分知识重复练习，进行巩固。这样循环往复，环环相套，经过数次循环复习后，如果能够流利地大声背出来或在纸上熟练写出来，就证明知识已输入大脑。假若某一知识复习用一个小时就能记住，也要让孩子再多用半个小时继续复习，复习效果可以达到最佳。之后若再加倍疲劳记忆，则收效甚微。

引导孩子浓缩形象复习。当孩子对已学知识通过一定时间复习，融会贯通之时，家长就可以引导他将知识有意梳理，从横向、纵向形成有机体系，组成一个知识链。将零碎知识点进行归类整合浓缩，更便于长久记忆。所谓浓缩整理，指将知识形象化、图形化、表格化进行记忆，或是将知识点由一事物联想到空间、时间上性质接近的事物，把有关知识串联起来。很多知识都可用联想法把它们联系在一起，从而有利于输入大脑形成长久记忆。

（4）日常实践

学知识的目的就是用于实践，只有将知识用于实践，才能检验知识的真实性和趣味性。只有通过实践对所学知识进行验证，才能在大脑里形成真正自己的知识。不去实践的知识是空洞的知识，很难在大脑留存。比如你想学骑自行车，对《如何骑自行车》这本书的知识倒背如流，但你不去实践练习，绝对学不会骑车。所以知识用于实践，就涉及知识到技能的转化问题。

自从我的孩子上幼儿园开始，我就让孩子将当天所学的知识回家来教我，让孩子当我的"老师"，数年如一日地坚持这么做，直到孩子初中毕业。这样做的目的就是通过对当天所学知识的再实践，使孩子更好地将知识输入大脑。

起初我让孩子当我的"老师"，他并没有心理准备。

因为课堂没有集中精力听讲,所学知识不熟练,心理素质差,语言表达组织能力欠佳等等原因,孩子不但不"教"我,还缠着非要我再教他不可。开始我很是为难,说"我不会"吧,我是个老师,说"我会"吧,我去教他,违背了我的本意。我更担心孩子在以后的学习中会敷衍,产生单等家长再教的依赖心理。于是我就对孩子说:"我虽是一个老师,但你们所学的知识我不一定都熟练,你们今天所学的内容我也不知道呀。你把今天所学到的知识内容给我再叙述一遍,要是有不会的地方,咱们可以一起学习呀!"

孩子第一次讲述时,语言啰唆,而且讲的内容也不完整,但我仍然听得很认真,并且不断以动作表示鼓励,孩子开始劲头十足了,坚持把当天课堂上所学一知半解的内容,滔滔不绝地向我描述着、讲解着。孩子在讲述的过程中,虽语言不流畅,内容不完善,但也需要将当天课堂所学知识在大脑再回顾一遍。这个过程是对所学知识再次巩固和完善的过程,也是培养孩子语言表达能力和提高心理素质的过程。语言是思想的表达形式,讲得好坏体现出知识输入大脑的熟练程度。所以,孩子为了把课讲好就必须得认真听课,努力想办法把课堂知识熟练输入大脑。同时,让孩子这样讲,也使孩子找到了上学的自信、求知的自信,这种自信会为孩子以后走向成功奠定坚实基础。

另外,做作业练习也是很好的知识实践过程。好的作业实践可以增强孩子对学习知识的兴趣,从而激发孩子乐于上学求知的欲望。要知道,通过作业练习是将书本知识转化为个人技能的重要途径，是检查学习效果，加深理解的有效手段，很好地完成课后作业能把容易混淆的概念弄清楚，把知识间的联系与区别找出来，是培养思维能力、动手能力和实际应用能力的具体方法。

家长要引导孩子圆满完成作业可以从两个方面着手。

首先教孩子要把握好作业要领（随时更正错题），审题要清。只有审清题意，才不至于盲目，造成解题失误。将题审清，找出各个部分、各个方面、各种因素、已知和未知之间的关系，找出解题思路。想一下老师在课堂上是怎样讲的，书本上是怎样写的，该题与知识点有哪些联系，需要去复习哪方面的知识，做到胸有成竹。还要能将题化繁为简，化大为小，各个击破。再深入一点思考，能联想多种方法，从中推断出新条件、新数据，为解题打开思路，找出生题与熟题的关系。做题前和做题后都要对所做习题进行分析，做题前分析其是为了考查什么，是不是有多种解法？每个解法都应从哪个角度去解？都用了哪些概念和公式？通过对几种解法进行比较，找出方法巧妙、步骤简洁的最佳方案。也可通过对习题分析、比较，从中找出各习题的共同之处，了解它们在知识体系上属于哪一点，解题方法又属于哪一类，然后对各种题型进行纵向、横向比较，将同类题目归并到一个知识体系中，从而巩固知识记忆，便于掌握。

其次家长可以帮助孩子进行错题总结。因为凡是错题都是源于某一知识和能力的缺陷，通过分析错误，知道为什么会错，错在哪里，是粗心大意还是某一知识欠缺，然后找出更正的途径。及时更正错题会对知识点的记忆更准、更全、更多，及时更正错题，有时要比做对题更有价值和意义。

总之，成功的人肯定有成功的秘诀，不付诸行动，只等天上掉大饼，再好的理想只能是梦想，永远也不可能成真。有人这样说过："知识的根是苦的，知识的果是甜的，要想获得更甜美的果实，必须从培养苦根做起。"

微信扫码 立即获取
听大师讲儿童教育
☆幼儿教育100讲
☆儿童教育心理学

中篇·习惯

孙张梓（3岁） 绘

习惯是人们长期养成后不易改变的态度和行为，孩子的良好素质是从他们良好习惯的养成开始的。现代教育家魏书生说："教育归根结底是培养习惯，行为养成习惯，习惯形成品质，品质决定命运。"教育专家孙云晓也在《习惯决定孩子命运》一书中阐述了习惯对于孩子成长的重要性。习惯的力量是无穷的，人一旦养成一个习惯，就会不自觉地在这个轨道上运行，如果是好的习惯将会让孩子受益终生。有一位记者曾采访过许多诺贝尔奖获得者，他得出这样一个结论：人的成功是建立在良好的行为习惯基础上的，良好的行为习惯主要是靠幼儿时期养成的。

第四章 重视良好习惯的养成

陶行知说过:"好习惯养成了,一辈子受用,坏习惯养成了,一辈子吃亏。"的确,良好习惯是成就未来的阶梯,而不良习惯一旦形成,等长大了,再想纠正为时已晚。因此,对孩子进行良好行为习惯培养是老师和家长的重要任务之一。孩子的良好习惯包括:良好的生活习惯,良好的道德品质习惯,良好的学习习惯。那么培养孩子的良好习惯从哪些方面入手为好呢?

一、良好生活习惯的养成

良好的生活习惯包括:生活有规律、能自理,讲究个人卫生,能适应好环境,懂得基本生活礼仪,愿意并会做一些简单家务。

1. 生活要有规律

首先是饮食习惯。引导孩子不挑食、不偏食,饮食要粗细搭配、荤素搭配、定时定量,进餐要有规律。"没有不好的食物,只有不合理的膳食",引导孩子合理饮食有利于身体健康。

引导孩子进餐有规律,必须杜绝孩子吃零食的习惯。我就是利用转移意向的办法,使孩子有良好进餐规律的。例如当孩子哭闹要吃零食时，我就放下手中的工作，陪孩子去玩积木、看动画片，边看边聊，转移孩子对零食的意向，孩子在有趣的玩耍中忘记了吃零食，到了正常用餐时胃口会很好。由于正餐吃得好，就不会要求吃零食了。如此一来，慢慢养成习惯，孩子很自然地有了良好的用餐规律。

吃饭吃一半剩一半，是很多孩子易犯的毛病。若只是给他讲大道理，比如粒粒皆辛苦、珍惜粮食是传统美德、留剩饭不好等等，孩子多半置若罔闻，就算听得懂，还是照样会剩饭。为了改掉孩子留剩饭的毛病，我就给孩子们规定：吃多少盛多少，不许剩饭，否则，谁的剩饭谁下顿还得去吃。有一天中午，女儿剩了半碗面条，到吃晚饭时，女儿看着我把上顿剩下的面条热好又端给她，怎么也不肯吃，她妈妈就要替她吃，我拒绝了，坚持让女儿自己吃剩面条。经过几次纠正，女儿直到上大学，仍保持着吃多少、买多少，从不留剩饭的好习惯。

第二是作息习惯。作息有规律，能使人养成良好的生物钟。反之，如果长期作息没有规律，人体的生理功能就会出现紊乱，进而会导致神经失调、体内激素分泌紊乱、免疫功能减退等等，一些疾病就会乘虚而入。为了孩子能有一个健康的体魄，就必须让孩子合理作息。记得儿子小的时候，晚上贪玩不睡，第二天早上起不来，到中午才起床。可要培养孩子的作息习惯，一味严厉训斥肯定行不通。记得一个冬天的晚上，我在家等到九点半，儿子还没回家。我踏着厚厚的积雪，找遍邻居家、他的同学家,最后在大马路上找到了他。儿子和几个小朋友正在滑雪,玩得很高兴。当儿子看到我疲惫不堪地出现在他面前,吓得胆战心惊,想着要挨揍了。我按捺住气愤,努力心平气和地说:"儿子呀,马路上雪多路滑,车辆来往不断,在公路上滑雪、玩耍是非常危险的,幸亏今天没有出什么意外,以后不准在公路上玩了。明天清早 7 点钟能准时起床吗?"儿子连连点头。第二天 7 点儿子果真打破常规,准时起了床。我抓住机会对儿子又表扬又勉励:"儿子果真长大了,非常有自控能力,有生活节奏感,有时间观念,将来肯定能干成大事,希望以后生活都要有规律。"以后一连几天我监督着儿子晚上 9 点睡觉,早上 7 点起床。过了一段时间,我又要求儿子不管是打游戏、学习,还是和别人一起玩,都要按时作息。这样坚持下来,儿子自然就形成了生物钟,良好的生活习惯也就养成了。

2. 生活能自理

让孩子从小学会生活自理,可以培养孩子的动手能力、动作协调能力、生活技能熟练操作能力,促进大脑思维,提高大脑灵活转换,同时也促使孩子身心正常发育。

衣来伸手,饭来张口,这样只能使孩子笨手笨脚、思维迟钝。等孩子长大离开父母,很难正常生活,等于是害了孩子一生。

培养孩子的生活自理能力,要根据孩子的生理发育特征,逐步提出要求,从易到难、由简到繁。3 岁的孩子可以训练自我服务:吃饭、洗脸、刷牙等等。4 岁的孩子可以学习叠被子、整理床铺等简单家务。5—6岁的孩子要求穿衣服迅速、整齐,洗脸洗手要干净等等,还要进一步学会做扫地、浇花、搬抬桌椅等家务。

培养孩子生活自理,首先要给孩子创设锻炼自理能力的环境,如:让孩子独自睡觉,衣柜等家具、洗脸盆架等生活用品要适合孩子的身高;再者,要教会孩子掌握自理的方法和生活物品的用法;最后,就是要敢于让孩子去尝试。家长不能怕孩子动作慢,做不好,要有耐性,只能指导,不能代劳,更不能去苛责,比如一旦孩子做不好,就责怪"真笨""看你啥时能长大"等等,孩子往往因此不敢动手,产生自卑心理,将来做事只能依赖大人,如此,提高孩子的各种能力,激励孩子创新思考就只能是个泡影。

如何创设能让孩子生活自理的环境呢?我的孩子都是在3岁独立睡一个小床,4岁单独睡一个房间,就是让孩子感觉到:我长大了,要学会独立。当然,为了让孩子自理生活,必须将一些物品设置得适应孩子活动,如:较低的衣架、衣柜、桌子、床,较低的盆架,较小的毛巾,较小的碗、勺,较小的簸箕、扫帚等等,只有环境适合孩子去活动,他才能去干自己力所能及的事情。孩子先学会做,再到能做好,事情做好了,孩子就会有一种成功的快乐感,这种快乐感又会激发孩子生活自理的兴趣,所以适合的环境是培养孩子主动活动的基础。

有了好的环境,下一步还要引导孩子学会一些物品的用法,掌握一些生活常识和原则。例如为了教会孩子自己穿衣、穿袜、洗脸，我买了个 70 厘米高的娃娃，孩子非常喜欢，每天抱着娃娃玩，玩得娃娃脸上全是泥土，我问他："娃娃满脸是泥，还美不美呀？"孩子说："太丑了。"我又问："怎样让娃娃总是漂亮的呀？"孩子没等我说完，赶紧用毛巾去擦娃娃。我又对孩子说："单凭擦，是擦不干净的，要想让娃娃总漂亮，要常给娃娃洗脸才行。"孩子马上用水开始给娃娃洗脸。我看着孩子的动作很是拙笨，但我并不去帮忙，只在旁边指导："你看这么洗，是不是更好？"孩子慢慢调整尝试，动作越来越娴熟，那种会洗脸的成就感，已经可以从他的笑脸看得出来了。我因势利导，继续引导说："若你自己的脸弄脏了，还美不美了？"孩子一听，赶紧自己又去洗脸。经过几次的尝试，孩子学会了洗脸。

再教孩子自己穿衣时，我就有了经验。我说："今天的气温很低，娃娃冷不冷呀？"孩子一听，赶忙就去拿自己的衣服让我给娃娃穿。我说："娃娃非常喜欢你，你给它穿穿试试。"孩子笨手笨脚地给娃娃穿衣，因为手不从心，费了九牛二虎之力，还是穿不顺当，便求我帮忙。我鼓励孩子说："你的动作很对呀，不过你可以这么使劲儿就更好了，试试看！"最后孩子终于给娃娃穿好了衣服，带着一种成功的喜悦，非要让我抱抱他不可，我就抱抱孩子给他奖赏和鼓励。接着我说："太阳出来了，天气这么暖和，娃娃可能热了呀，怎么办？"孩子就挣扎着从我身上下来，去给娃娃脱衣服，又是扯、又是拽，干着急，就是脱不下来。我启发说："衣服上的扣子做什么用的呀？"孩子一下明白了脱衣的顺序，但扣子怎么都解不开，我就做示范解了一个扣子，让孩子再去模仿。孩子很快学会了给娃娃穿脱衣服，进而自己也学会了穿脱衣服。

要培养孩子的自理能力，先得让孩子掌握生活活动的技巧，才能有效地培养他们的各种能力。例如饭前餐桌的摆放，餐后物品的收放，都可以让孩子去做，前提是必须让孩子能干、会干。如搬椅子，若孩子不会搬，就会碰腿，容易绊倒，放下椅子时易砸脚，出一些事故，所以要教给孩子搬椅子的要领：左手抓凳面、右手握椅柄，搬起要挺身，保持平衡，放下椅子时，上身向前倾，缓慢放下椅子。通过对孩子日常活动的培养，不仅分担了家务，主要是培养了孩子的动手能力，同时也培养了孩子的劳动意识，锻炼了孩子的大小肌肉。

在孩子的成长过程中，家长只要注意培养和引导，孩子们都能学会购物、上学、整理房间、拖地、打扫卫生等基本生活技能。例如培养孩子独自去上学的习惯，刚开始，我送儿子上幼儿园时，故意让儿子走在前边，告诉他路上一些特殊标志。到了幼儿园门口，我又让儿子讲一遍回家的路标，就对他说："我今天中午有事，不能接你，你把路标记牢，放学自己回家。"放学时，我躲在孩子后边偷偷护送他回家。儿子到家时，我随后也到了家，儿子开心极了，感到自己长大了，我也感到无比欣慰。从此以后儿子上学不再要求家长陪送。

责任感是孩子成就未来的前提，培养日常生活能力是培养孩子责任感的重要途径。整理学具、叠被子、打扫卫生，都要让孩子知道是他应该做的，也必须去做的事情。这种责任感需要家长在日常生活中去引导。我记得有一次儿子上学把《语言表达》课本忘带了，邻居从幼儿园回来捎信让我送去，我却没去送课本。儿子放学回家撅着小嘴，没等他发火，我先开口责怪他："没有带课本，学起来很不方便吧？整理学具是自己的事情，就像学习一样，任何人不能替代，也是无法替代的。"从那以后，孩子不但上学前自己整理书包，其他学习上该自己做的事情，也慢慢学会不让别人代替。我当时不去送课本是为了让孩子学着承担责任，不要有依赖心理。培养孩子生活自理的习惯，是培养孩子有责任感的途径，也是成就未来的基础。

二、良好道德品质习惯的养成

道德品质是指个人在道德行为中所表现出来的比较稳定的特点和倾向，由道德认识、道德情感、道德信念、道德意志和道德行为等因素构成。

古人说"小胜靠智，大胜靠德""厚德得人心"，品德高尚是立身之本，"道德能弥补才能的不足，但才能永远弥补不了道德上的缺陷"。

孩子在幼儿时期，是养成良好道德品质习惯的关键时期。孩子在经验和思维方面，还未形成自己的主见，道德观点也尚不具备，这就需要家长的正确引导。我国传统启蒙书籍《弟子规》，具有丰富的内涵和宝贵的人生经验总结，对幼儿品德养成教育，具有很强的操作性。

《弟子规》对孩子在家、出外、待人、接物、学习及日常行为养成上都提出了应该恪守的规范。用现在的眼光看，《弟子规》中的"入则孝"，就是感恩教育；"出则弟（悌）"，就是尊重教育；"泛爱众"，就是关心教育；"谨与信"，就是诚恳教育；"余力学文"，就是学习方法教育。"学会感恩""学会尊重""学会关心""学会诚信""学会学习"，不正是我们今天要教育孩子走向成功之路的法宝吗？

孩子小的时候，我利用图画引导孩子学习《弟子规》，把学习当成游戏，把文字当成工具，让孩子在玩中学，在学中玩。《弟子规》里列出的 113 件事情，360 句话，孩子先看图、观察，再认识、理解，每天背诵两句，次日再温习前边所背内容，日积月累，几个月就把《弟子规》全部背诵下来了。

通过引导孩子快乐学习，不仅让其很快认识《弟子规》、背诵《弟子规》，同时还培养了孩子的观察能力、思维能力、动手能力、语言表达能力，对孩子的右脑开发起到很大作用。

那么在日常生活中如何让孩子去践行《弟子规》呢？

1. 孝悌的养成

孔子曰："夫孝，德之本也，教之所由生也。"就是说，孝是德之本，一切德行的根本，是教化的根源。

真正的孝道包含三种含义：感恩、爱心、责任。即：孝 = 感恩 + 爱心 + 责任，缺一不可，缺一都不是真孝。

能孝敬父母是小孝，能孝敬双方父母是中孝，能孝敬天下父母、博爱大众是大孝，能成为圣贤、普利众生、使千秋万代人获益无穷是至孝。

"百善孝为先，孝为百行首"，只有会感恩父母、孝敬父母，才能慈爱天下，成就大事业。如果一个人连对自己有生养之恩的父母都不孝，要说将来报效祖国、善待他人、普利众生，那只不过是一个天大的笑话。

家庭是培养孩子孝的启蒙地，怎样才算是尽"孝"了呢？孔子曰："今之孝者，是谓能养。至于犬马，皆能有养，不敬，何以别乎。"意思就是说：如今许多人认为孝顺就是能赡养父母，但如果没有发自内心的尊敬，那么这种赡养与饲养狗马有什么区别呢？

那么究竟让孩子怎样做，才是尽了"孝"呢？首先，要给予父母精神上的安慰，顺从父母，听从教诲；其次，要从生活和物质上给父母以关怀和满足，以解其后顾之忧；第三，要自律，按照社会道德标准，要求自己谨言、谨行、谨身、谨学、谨友、谨婚、谨食、谨心、谨意、谨业，让自己成为一个品德高尚的人。这样在物质和精神上都能给父母以满足，让父母以自己为荣，从而舒心畅意，度过幸福晚年。

培养孩子的"孝"，要从家庭的每一个小小生活细节开始。

首先，让孩子知道为什么要孝敬父母。

学龄前的孩子对事情的分析和鉴赏能力虽然还不完善，但通过接触和听讲解，可以产生一些感性认识。孩子背诵《弟子规》并不是一件难事，要把《弟子规》中的规范要求变成自己的规范行为，还需让孩子理解才能践行。《弟子规》第一部分"入则孝"的核心，讲的就是从在家孝敬父母开始培养孩子的做人行为。"父母呼,应勿缓。父母命,行勿懒"。意思就是:父母叫你时,应立即答应,不能迟缓;父母让你做事的时候,要马上去做,不能拖延偷懒。"冬则温,夏则凊。晨则省,昏则定"。意思就是:子女照料父母,冬天要让他们温暖,夏天要让他们清爽凉快。早晨要向父母请安,晚上要替父母铺好被子、侍候他们安眠。这几句话孩子背会很容易,怎样让他理解,并且对父母真正有一颗"孝"心,从而愿意听从父母教诲呢?首要的得让孩子对"为什么要孝敬父母"有一个感性认知,知道父母养育孩子的劬劳。

让孩子对孝行有感性认识,生活中的教材俯拾皆是。有一次,孩子发现妈妈走路的样子很别扭,一歪一扭的,就来问我是怎么回事,我反问孩子:"你们猜一猜她为什么这样走路?"孩子说:"可能是腿疼吧?"我说:"不错。你们知道妈妈为什么会腿疼吗?"孩子摇了摇头。我接着说:"她得的是一种风湿病,这种病很不好医治,会让人终身痛苦,重的还危及生命。你们知道妈妈是怎样得的这种病吗?"孩子又摇了摇头。我带着敬佩的语气慢慢说道:"妈妈生育了你们两个。在你们一岁之前,妈妈都没有好好休息过。每天挨着你们睡觉,晚上醒数次,看看你们有没有凉着,有没有热着,看看你们饿不饿……就是冰雪寒冬,你们尿湿被褥,那时家里生活困难,没有可换的被子,妈妈就和你们换个位置,将那尿湿的被子用自己身体暖干。因为,妈妈在那冷湿的环境下生活,久而久之就得了这种让人痛苦的风湿病。"孩子听后,眼泪汪汪的,跑去抱着妈妈亲个不停。

　　自从这件事以后，孩子好像对父母养育之恩有了真正的认识，再背诵"亲爱我，孝何难。亲憎我，孝方贤"（意思就是：父母爱我、喜欢我，我孝敬是应该的。若父母不喜欢我，我也要尽心去孝敬父母，这是难能可贵的贤人）时，有了更多的情感。

　　激发孩子对父母的感恩之心，可以通过创设环境，让孩子体验父母生养孩子的艰难，从而引导孩子感恩父母，为孝敬父母奠定基础。如让孩子保护鸡蛋的游戏：我将一个生鸡蛋装在儿子衣兜里，告诉儿子保护一天，别让鸡蛋摔碎。开始儿子信心十足，并且说，"这有什么难的？"结果儿子小心谨慎、专心致志地保护了两个小时，就对我说："实在坚持不下去了！弄得我不能放心玩游戏，就是做个小小动作，都得小心翼翼，生怕把鸡蛋碰烂了。"我看着儿子为难的样子，就说："妈妈十月怀胎的时候，要比你保护鸡蛋难多了。每走动一步，每一个动作，就是睡觉都非常小心，十分爱惜保护着你。哪怕一时的疏忽大意，都可能出现不可想象的后果，那就不可能有你健康快乐的今天。你在妈妈体内，需要吸收大量营养，妈妈就是再呕吐、没有食欲，还是坚持吃些饭菜，以保证你的健康成长。"儿子深有感触，一会儿用手摸摸兜里的鸡蛋，一会儿看看妈妈，先是用一种困惑的语气问妈妈："爸爸讲的都是真的吧？"紧接着扑到妈妈怀里，抱紧妈妈，可能是对妈妈的一种感恩吧。

　　从此以后，孩子们非常敬重妈妈。每到自己过生日，他们都是把妈妈请到上座，把自己最好的生日礼物送给妈妈。

其次,让孩子感知孝敬父母是一种美德。

在中国历史上没有哪个朝代不重视孝道,孔子把"孝"放在一切道德的首位,视为"立身之首""自行之源"。可以说,从古到今,人们都是把孝敬父母看做人生的第一台阶,是做人的基本要求,是能关心他人、自觉进取、热爱事业等良好品德的基础。

从古到今,国家选用良才,都是要选用德才兼备之人。德的标准,首先就是一个"孝"字,只有能孝敬父母的人,才会诚实可靠、忠心耿耿、报效祖国。否则,连生养自己的父母都不肯"孝",怎能会为国效力、造福他人呢?

孩子不但要知道为什么孝敬父母,还要让其知道"孝"是中华民族的传统美德,从而有"孝"的自觉行为。根据孩子爱听故事的天性,我经常把二十四孝的故事挑选适合的,讲给孩子听,让他们从内心深处感受到:"孝"不仅是一种美德,也是成就未来的基础。

例如讲到"孝感动天"的故事。中国远古有三皇五帝,舜是五帝之一,姓姚,名重华,后称帝舜。他的生母生下他不久去世了,父亲娶了继室,生一男和一女。舜的继母、继弟对舜很不好,几次三番要害他,但是舜非常善良,对父母很孝顺,他的善良感动了继妹妹,当这位继妹妹得知母亲和哥哥要陷害舜时,便悄悄告知舜进行防范。舜大难不死,几次逃生。他仍是宽宏大量,不计旧仇,一如既往对父母孝顺,对弟、妹友爱,并且他勤劳简朴、乐于助人、为人忠厚、勤学好问、心灵手巧,很多人都钦佩他的精明能干。

舜的孝,很快在民间传为佳话,当帝尧听说舜的美德之后,对他进行了长期考察,知道舜不但宽厚仁慈,而且英明能干,于是就让他担任要职,还把帝位禅让给他。

舜即位之后,仍是以"孝"治天下,深受百官与臣民的爱戴。

孩子从故事中感悟了很多,对我说:"孝敬父母不仅是一种美德,同时还能养成一个人的良好品质。具有良好品质的人,能受人尊崇,能成就一生。"

孩子的意识是在潜移默化中形成的,通过正确的引导,孩子对"孝"有了感知,进而对一些道德标准有了感知,开始在日常生活中规范自己的行为。历史故事往往是培养孩子形成道德标准意识的最好教材,如二十四孝中的汉文帝刘恒"亲尝汤药",郯子"鹿乳奉亲",董永"卖身葬父",王祥"卧冰求鲤"等等是正面引导,还有一些反面教材可以起到警示作用。

孩子听着有趣的故事,不知不觉让"孝"植入心中。

第三,从日常小事做起,逐渐养成"孝"的行为。

当孩子知道了"为什么要孝敬父母""孝敬父母是一种美德"之后,在日常生活中,会不自觉地出现"孝"的行为,此时家长需要对孩子的行为加以规范和引导,使之成为自觉行为。

家长要想从"孝"入手培养孩子的良好行为,就必须注意日常生活的点点滴滴。家长要清楚地认识到:父母是孩子的启蒙老师,也是终身老师,家长良好的言传身教惠及孩子一生。假如孩子不能"父母呼，应勿缓。父母教，须敬听"，也就是不愿意听从父母的教诲，那么怎能从父母那里学来"做人"的成功经验？孩子对父母的"呼"都不能应，那么又怎能去理解、体谅隐藏在父母内心深处的难言之语？连父母的呼都应不了，他会听老师的话，听领导的话，听同事的话吗？所有人的"呼"，他都不去应，这样的孩子慢慢就会养成目无他人、自由散漫、傲慢自大的不良品质；培养出做事拖沓，时间观念淡薄，懈怠散漫的不良习惯。这样的孩子长大成人后，又如何能处理好复杂的人际关系呢？要想成就未来更是一句空话，所以要培养孩子良好的行为习惯就从"父母呼，应勿缓"开始。

儿子在小的时候，一度玩游戏非常入迷，有几次该吃饭了，我喊他喊了好几声，他都充耳不闻，还似理非理、满不在乎地说："干吗呀！"再喊他，他就带有一种不满的口气大声"嘟囔"："知道了！"我又催促几声，他就变得极为恼怒了，"烦死人了""真讨厌"。一直等他玩完了游戏，他妈妈就得给他温饭（因为孩子有个毛病，吃了冷饭肚子会痛），有时饭菜不合口味，妈妈还去给他重新做可口的饭菜。这样长久的娇惯，孩子以自我为中心的不良习惯很自然就形成了。家里来了客人，孩子根本不会去以礼相迎，更不会主动让茶、让座。用餐时，不等客人动筷子，他就把好吃的饭菜端在自己面前，大口大口地吃起来。就是和小朋友一块玩游戏，他也是以我为中心，从不听他人的建议。孩子迟早要走向社会，与别人相处，别人能像父母这样去宠着

他，任由他说了算吗？不能正常融入社会的人，其后果
不说自明。

　　为了纠正孩子的坏习惯，为将来会"做人"打好基
础，我必须因势利导，对孩子一些行为进行规范。于是
我找到一个机会。那一天，儿子求我带他去邻村看一
场马戏表演。他非常兴奋，一大早就起床，急催着吃
饭，好尽快去观赏自己喜欢的马戏节目。而我就故意
没听见他催我似的，漫不经心干着家务事。儿子喊了
几次，我依然是慢条斯理、若无其事地磨蹭着时间。等
把儿子的急劲激起来，再次催我时，我就故意大声说
"你真烦人""讨厌"，儿子又焦躁又不安，看着他眉头
紧锁、一脸不悦的样子，我想教育孩子的时机已到，就
用非常柔和的语气问他："儿子呀，你对爸爸刚才的表
现满意吗？你能说一说当时的感受吗？"看着儿子欲言
又止的样子，我接着说："你叫爸爸，我没有应声，你肯
定心情不快。那么你想过没有，爸爸叫你的时候，你不
回应，那时爸爸的心情会不会更难受呢？"我看着孩子
呆呆的脸，继续往深处说："父母含辛茹苦，每天为孩
子辛勤操劳，喊孩子吃饭，还要听你用伤人的话语'真
烦人''讨厌'去刺痛父母，你想一想父母会是一种什
么样的心情？"话题一转，我接着说："对不起，刚才我
说话欠妥。我们马上吃饭，饭后带你去看马戏表演。"
儿子听说爸爸仍然要陪他看马戏，本该高兴的表情，却
怎么也笑不出来，心里有了愧疚和不安，显然从今天的
事情中他领悟出了一些道理。

　　"父母呼，应勿缓。父母教，须敬听"其实是培养孩

子尊敬师长、服从集体良好习惯的基础，也是让孩子从前人教训中吸取经验，以利于自己成长的重要途径。让孩子学会听从父母的意见是在日常生活中慢慢养成的。有一次，岳母到我家来，中午我准备了一桌丰盛的饭菜，吃饭前儿子非要吃烧饼夹豆串，我劝儿子说："今天中午有很多比豆串好吃的饭菜，明天再买好吗？"但是他就是不听。我就和儿子谈条件："烧饼和午饭任你选，若买烧饼吃，就不得再吃午饭了。"儿子坚持买烧饼吃。等到大家吃午餐时，儿子眼巴巴看着我们享用美味佳肴，垂涎三尺，口中不断嘟囔着："今天的烧饼太难吃了。"说着，把吃了几口的烧饼放在一边，就准备和我们一起吃饭。我不许，哪怕岳母求情也不行。饭后，我拉过儿子，对他说："父母的话有道理，你要认真想一想，一味固执，现在后悔了吧。要是知道自己不对，能吸取教训了，你当着大家的面道个歉吧。"这一下，儿子听进去了我说的话，认真地给大家道了歉。我们大家都为儿子的成长鼓起了掌，在一片欢声笑语中，祝贺孩子迈出了学习听从父母意见的第一步。

"父母呼，应勿缓。父母教，须敬听"也是培养孩子对人有礼貌的好习惯。有"呼"即"应"、有"教"即"听"，是对他人的礼貌和尊重。只有先尊重别人，才能得到他人的理解与信赖，才能更好地与大家合作。

在这个多元的世界，没有哪个人是独立存在的，"敬人者，人恒敬之"，你发出什么样的信息，最后都会回馈到你自己身上。你能听别人"呼"，肯定别人也会听你"呼"。你能配合他人、帮助他人,别人也会很乐意配合你、帮助你。这是世间的规律。培养孩子顺从别人、尊敬别人,对别人彬彬有礼,是让孩子学"做人"的开始。

有一天,邻居家的孩子来找儿子一起玩,看到儿子正在堆积木,便想插手帮忙,结果不小心将堆的积木弄塌了。儿子气冲冲站起来,一把推开小朋友,还大叫大嚷。事后,我没有责骂孩子,而是和他聊了一次。我说:"《弟子规》不能只会背,还要会用。'惟德学,惟才艺。不如人,当自励',不如别人要虚心,和人相处要尊敬,这样,别人才乐意和你打交道。"孩子没等我说完就明白了,他自责地说:"我应该主动把玩具让给小朋友先玩,应该尊敬别人,说话应该文雅,我要向他道歉。"孩子飞快跑去邻居家,向小朋友道歉去了。

后来邻居家的孩子再来找儿子玩,儿子就很有礼貌地邀请小朋友和他一起堆积木,互谦互让,配合默契。我非常欣慰,对孩子进行了表扬。

这以后,儿子到邻居家玩,邻居家的小朋友也非常热情,把自己正在玩的游戏让给儿子先玩。两个孩子谈笑风生,快乐无比。

通过此事使儿子真正感悟到:只有先尊敬别人,才有可能换来别人的回馈,有"呼"即"应",有"教"即"听",能换来无限的快乐。尝到甜头的孩子很自然地养成了"听"别人"教",尊敬他人的良好习惯。

"孝"是基础。"孝"的行为包括很多个方面。孔子说:"身体发肤,受之父母,不敢毁伤,孝之始也。立身行道,扬名于后世,以显父母,孝之终也。"就是说,我们的身体是父母给我们的,我们必须珍惜他、爱护,这是行孝的开始。一个人要建功立业,遵循天道,扬名后世,这是孝的终了。有始有终才是完满、理想的孝行。由此可见,教育孩子珍爱生命也是"孝"的重要内容。《弟子规》对这一方面有明确的阐述:"身有伤,贻亲忧。德有伤,贻亲羞。"如果身体有所不适或者遭到伤害,就会让父母为我们担忧。如果在道德行为上有了缺失,就会给父母蒙羞。这是对孩子"孝"的行为的具体规范。健康的体魄,是成就未来的前提,是孝敬父母的基础,让孩子学会保护自己,既是培养孩子"孝"行的过程,也是养成正确人生观和价值观的过程。儿子小时候有一次因为急转弯,一头碰到墙上,碰出一个乌青大疙瘩。我要求儿子把《弟子规》里的"宽转弯,勿触棱"(意思就是:走路拐弯时角度要大一些,不要碰到物体的棱角,以免造成不必要的伤害)再背一遍,其实是为了对孩子从行为上给以规范,从思想上树立正确的意识。人是创造未来的第一要素,离开了人,世间一切就无从谈起。一定要让孩子知道:人的生命只有一次,不管遇到什么逆境,都要珍惜它、爱护它。在人的一生中,经受挫折、遇到困难是必然的,但是再大的困难也有被克服的一天,只不过是花费时间长短而已。

不怕困难,还要有安全意识,才能更好地保护好自己。为此我会常给孩子讲一些安全事故的案例,帮助孩子提升保护自身安全的敏感度,比如交通安全、饮食安全、用火安全、攀爬安全、用电安全等等。孩子掌握了基本的安全常识,树立起安全意识,才能保护好自身不受到伤害,真正明白"身有伤,贻亲忧"的含义。

"身有伤,贻亲忧",让孩子认识到保护好自身,就是一种"孝","德有伤,贻亲羞"则是让孩子明白在日常生活中养成良好品行的重要性。

我会经常把身边听到的事情编成故事讲给孩子们听,每一次讲完故事,都和孩子们一起讨论、分析、谈感想,不仅强化故事主题对孩子的教育目的,还能提高孩子的理解、分析和语言表达能力,同时也提升了孩子们的思想认识。通过我们的共同探讨,孩子从内心认识到:身体受到伤害时,最担心的莫过于父母,道德上若有缺失,最羞愧的莫过于父母,父母最希望看到孩子品行优良、身体健康、有所成就。假若孩子轻视生命,品德有亏,父母就会自责,觉得自己的教育出了问题。由此,父母对孩子长久良好的行为约束,帮助孩子养成良好的品德习惯,这是"孝"行的培养,也是一切良好习惯的养成基础。

"孝"是对长辈,"悌"则是指平辈之间,狭义指友爱兄弟手足,广义是指和睦他人。假若一个人从小在家就养成友爱手足的良好习惯,将来走向社会也一定会与周围的人和睦相处。每一个人都不可能脱离社会独自生活,孩子先学会"做人",才能更好地"做事"。《弟子规》里的"出则悌",讲的就是出门在外与他人相处的一种规范。

例如孩子们小的时候,我给他们讲了一个"赵孝争死"的故事。

"在汉朝，有一个叫赵孝的人，他有一个弟弟叫赵礼，兄弟两人相处十分友好。有一年出现天灾，粮食歉收，饥荒严重，甚至出现了人吃人的现象。一伙强盗乘机大肆抢掠，百姓四处逃命。有一天，强盗们到百姓家搜寻之后，一无所获，一怒之下，竟然要抓人吃肉。他们将赵孝的弟弟赵礼抓走了。那些穷凶极恶的强盗，生起炉火，开始烧水，准备杀人。"

听到这，孩子们很着急地说："人们咋不去救他？"我接着说："那时的人们手无寸铁，只顾逃命，谁来救人就等于自投罗网。"为了让孩子如临其境，我问他们："你们猜，弟弟赵礼会死吗？他的哥哥赵孝会怎么做？"孩子们抢着说："哥哥赵孝不能去救弟弟吧，否则也会被杀掉。"我接着说："哥哥幸运逃走后，回头却不见弟弟踪影。他心急如焚，四处打听，得知弟弟被抓的消息，心如刀割。他焦急地想，弟弟若有三长两短，我怎对得起父母？弟弟是同胞骨肉，哪怕是上刀山下火海，赔上自己的性命，也必须救出弟弟。于是，赵孝下定决心，寻着强盗的方向奔去。赵礼一看哥哥寻找过来，先是一喜，而后不禁惊恐万状，哀叹道'哥哥呀，你怎么这么傻，你不是来白白送死吗'？哥哥赵孝顾不得与弟弟搭话，赶紧跪求强盗'我弟弟是一个有病之人，而且身体瘦小，他的肉一定很不好吃。请你们放了他吧'！强盗哪肯放了赵礼，气势汹汹地说'放了他我们吃什么'？赵孝说'只要放了赵礼，我愿意用自己的身体给你们吃，我身体健壮，肉一定很好吃'。强盗听了之后，一下愣住了，万万没有想到天下还有这样甘愿送死的人。这时弟弟着急地大声喊'不可！不能那样做'！兄弟俩争相赴死，让强盗震惊，唤起了一丝良知，就放走了他们兄弟。"

　　孩子们听完，不禁为弟兄两人双双生还而跳跃鼓掌，"你们想不想知道他们弟兄后来如何？"我继续讲道："因为兄弟俩相互友爱，做人诚信，被举荐给皇帝，皇帝授给弟兄两人官职，并把他们的德行告示天下，让全国百姓效仿。"

　　从故事中孩子们悟出了"悌"的真谛：在家弟兄能够相互敬重，在外才能与别人和睦相处，做事情才可能做好。孔子曰："君子务本，本立而道生。孝悌也者，其为人之本与！"讲的就是：做人首先要从根本做起，有了根本，就能建立起正确的人生观。孝敬父母，尊敬师长，关爱弟兄，就是做人的根本！

　　我出生在一个大家庭，平时孩子们亲眼目睹父辈的弟兄姊妹之间是如何和睦相处的，长期的耳濡目染，不仅让孩子们体会到我们这个大家庭兄弟姊妹之间相互尊重的氛围，同时也感受到我们这个家庭的成员与社会上他人和谐相处的益处，更重要的是让孩子潜移默化地受到影响，养成善于尊重他人、与他人和睦相处的良好品质，这种品质让孩子受益终生。

　　《弟子规》中对如何做到"悌"也提出来具体的要求，比如"财物轻，怨何生。言语忍，忿自泯"。意思就是说：如果彼此把财物看得轻一些，不贪图钱财，人与人之间就不会有怨恨。说话时相互理解，相互忍让一点，多替对方着想，愤恨自然就会消除。这一条讲的是看待财物的态度和与人相处的教养。

女儿小时候，我下班回家给她买了她爱吃的水果糖，我对女儿说："你要分一半给你哥哥。"结果女儿把自己的一半吃完了，剩下的一半不肯给哥哥了。儿子放学回家看着水果糖也很想吃，但还是忍着说："让妹妹吃吧。"我对女儿说："你同意了分给哥哥一半，怎么又反悔呢？你要向哥哥学习，要学会谦让。"不管我怎么好言相劝，女儿都不肯将属于哥哥的那一半糖块还给他。于是我从兜里掏出早已准备好的巧克力，对女儿说："那这两份巧克力全都给哥哥吃好了。"女儿看着自己最爱吃的巧克力，随即将糖块塞给哥哥，儿子也将另一份巧克力放在妹妹手里。看到这个情景，我对两个孩子说："不愿意让别人分享好处的人，怎能要求别人的好处和你分享呢？女儿呀，你哥哥假若和你一样的贪心，他会把巧克力给你吗？你吃不到喜欢的巧克力，会不会难过？凡事要替别人想一想啊。"女儿很不好意思，诚恳地对哥哥说："我错了，对不起。谢谢哥哥。"从食物、玩具的分享，孩子们学会了谦让友爱，看轻财物，珍视情意，领会了"悌"的真谛。

"言语忍，忿自泯"是《弟子规》中培养孩子有容人之量、宽大胸怀的重要一条。"忍让"教育，并不是培养孩子性格懦弱、无自信、盲从他人的教育。忍让是一种教养，是宽容的另一种体现。

就像我常给孩子讲的"一盒饼干"的故事，因为相互的"忍让"，避免了争执，让出了德行。故事讲的是一位女士在机场候机时，为了打发时间，买了一本书和一盒饼干。她找了个位子坐下来,专心致志地看书。忽然间,她发现不知什么时候,旁边坐了一位男青年,毫无顾忌地抓起放在两人之间的那盒饼干吃起来。女士"忍"着,决定视而不见,也从盒子里拿起饼干吃,边吃边用眼角瞟着那个"偷"饼干的男士,发现那位男士也用同样的动作看她。女士有些生气。

就这样,她吃一块,他也吃一块。当剩下最后一块饼干时,男士不自然地笑了笑,伸手拿起了饼干,掰成两半,给了女士一半,自己吃了一半。当这位女士接过半块饼干时,心想:这个人真是厚颜无耻,连声谢谢都不说。登机时间到了,女士直奔登机口,看都没看那个"贼"一眼。

孩子们听到这里时不禁非常气愤地说:"那个男的也有点儿太无理了吧? "

我笑了笑,继续往下讲故事。当这位女士在飞机上坐稳后, 去拿那本未看完的书, 突然她愣住了, 她发现, 自己的那盒饼干还原封未动放在包里。她恍然大悟,原来那个偷吃饼干的"贼"是自己呀。

讲故事的目的就是想借题发挥, 让孩子明白什么是真正的"忍让",我问:"假若他们都不能'忍',会出现什么样的结果? 假若你们是当事人会怎样做? "

孩子们说:"他们肯定会大吵起来, 会使人认为女士是个小偷,认为男士心小量狭,没有风度,他们都会被人小看。结果就是不仅羞辱了别人,也贬低了自己,两败俱伤。所以,学会'忍让'非常必要。 "

最后我总结说:忍让避免了羞辱,忍让也忍出了风度,这才是真正的修养。

学会忍让,理解忍让,是孩子践行"出则悌"的一个前提。

孩子将来必定是要走向社会的,家长保护孩子一时有可能,但绝对不可能保护孩子一辈子。授人以鱼,不若授人以渔。从小培养孩子不执著于财物,有宽容忍让之心,入则孝,出则悌,才能让孩子受益一生。

2. 谨信的养成

谨,是指人们在言语、行为上要谨慎,不可放纵。

谨言指说话要严谨,有条有理、有根有据,如《弟子规》中所讲:"话说多,不如少。惟其是,勿佞巧。"意思是:说话要谨慎,多不如少,因为言多必有失。说的话要恰当有理,符合实际,千万不要花言巧语,否则会使人讨厌你。

谨行则是做事要小心,三思而后行,如《弟子规》中所讲:"事勿忙,忙多错。勿畏难,勿轻略。"意思就是:做事情不能太匆忙,匆忙时最容易出现差错。做事不要害怕困难,应该知难而进,但不要马虎草率,即使是小事,也要认真对待。

对于孩子来说,"谨"主要体现在行为培养上。这包括两个方面:一是时间观念的严谨;二是行为上自我要求的严谨。

《弟子规》中对时间观念提出的规范是:"朝起早,夜眠迟。老易至,惜此时。"意思就是:清晨要起早,晚上要迟睡。人的一生很短暂,转眼间从少年就到了老年,所以每个人都要珍惜宝贵时光。

那么怎样培养孩子严谨的时间观念呢？在生活中随时可以强化孩子的时间观念。比如画一幅图画需多长时间、折叠一个纸玩具需多长时间、打扫一次房间需多长时间……反过来让孩子预估做一件事情需要多长时间：早晨起床、用一餐饭……等孩子做完事情后，看看是否与预估的时间差不多，经过这样的反复训练，孩子就会很自然地产生时间概念了。还可以让孩子感知时间与人的生命之间的关系：让孩子认真观察时钟，看它一秒一秒地走着，时间的流逝是不以人的意志为转移的，人就是什么事情都不做，时间仍会一秒一秒地过去，从中让孩子体会人活在世上的意义，要有所成就，就必须珍惜时间。古人云：少壮不努力，老大徒伤悲。一寸光阴一寸金，寸金难买寸光阴。若一个人没有时间观念，做事拖拉、磨蹭，不重视学习、工作效率，时间就会白白被浪费掉，要想走向成功只能是一种幻想。

当孩子建立起严谨的时间观念后，很自然地就会认识到：对于学生来说时间就是财富、是资本、是命运、是万金难买的无价宝。时间是最长的，它永远无穷无尽；时间是最短的，它使很多人来不及完成计划。没有时间，任何事情都不可能做成。谁能珍惜时间，时间准能让珍惜它的人收获颇丰。

除了时间观念，从小培养孩子行为上的自我要求也很必要。规范孩子的习惯就是培养孩子谨行的最佳途径，《弟子规》中所讲的"执虚器，如执盈。入虚室，如有人"，就是对孩子谨行规范的一项内容。它的意思就是说：手拿着空的器具，要像拿着装满东西的器具一样小心。走进没人的房间，要像走进有人的房间一样慎重，不能轻举妄动。我的孩子有一次帮助妈妈收拾餐具时，因为心不在焉，把手里的空盘子滑落地上摔了个粉碎。我说："你要是端着一个盛满菜的盘子，大概就不会粗心了。"孩子点了点头，口中念叨着："执虚器，如执盈。"我笑着说："《弟子规》不能只是背在口头上，还得落实在行动上，才能变成自己的一种行为，以后不管做什么事情，不论大小，都要认真细致，一丝不苟，不然就容易出差错。"

还有一次，是六一儿童节的前一天，我让女儿彩排明天要演出的节目，就像正式表演一样，包括衣饰、化妆、每一句台词、每一个动作，都认真再排练一次。女儿很不以为然，心不在焉，敷衍塞责，对这种"虚演"非常轻视。结果到了六一正式演出时，出现不少错误，演出效果很不理想。我看着垂头丧气的女儿，开导她说："'执虚器，如执盈'，常胜将军之所以常胜，就是平时的每一次演练都如临大敌、严肃认真，做事想成功，就必须事前准备充分。狮子搏兔，也要全力出击才行啊！"

"执虚器，如执盈。入虚室，如有人"是培养孩子做事认真、从不敷衍了事的严谨态度；"宽转弯，勿触棱"培养孩子做事稳当不毛躁的原则；"人有短，切莫揭"培养孩子宽容的心态；"用人物，须明求。倘不问，即为偷"则是对人际交往的一种规范要求。

儿子小时候，有一天我陪他画画，发现他多了一支红色的笔，就问儿子是怎么回事，儿子说："我拿了同桌的红色笔用一用。"我问："你的同桌同意了吗？"儿子很不以为然地说："他现在可能还不知道呢，我明天还给他就是了。"我很郑重地问儿子："要是你的红笔被别人没有打招呼拿走，正好你又急着用，当你怎么也找不到笔时，你的心情会是怎样的呢？"儿子呆着脸，我继续分析着这件事情的后果："'用人物，需明求。倘不问，即为偷'。这件事虽小，后果是非常严重的。今天不打招呼拿他人'小物'用一用，明天就可能不打招呼拿别人'大物'用一用，久而久之，就会养成一种不良行为习惯，这种行为就是'偷'。尝到不劳而获'小偷'的甜头，后来可能就会发展成拦路抢劫的'大偷'，那时可就后悔莫及，为时已晚了。"

　　没等我讲完，儿子拿着红笔就飞跑出门外。不大功夫，儿子气喘吁吁跑回来说："同学同意借给我红笔用一用。""你见到同学是怎样说的呀？"我问儿子。儿子一脸如释重负的表情，高兴地说："我先说'对不起，没有打招呼，拿了你的红笔用，请原谅。同学笑着说'没关系，你还把笔拿走先用吧'。"儿子的行为使我舒了一口气，我笑着赞扬说："拿和借的意义是完全不同的，'用人物，须明求。倘不问，即为偷'，没有给他招呼的'拿'，就是'偷'，是一种非常不道德的行为；等物主同意借给你的'借'，就是一种交往的正常行为。希望以后不能以'拿'代'借'，'借人物，及时还。后有急，借不难'嘛。"

　　"谨"与"信"是紧密相连的，有了"谨"的前提，"信"也就不难做到了。培养孩子诚实有信，是帮助他立身处世的根本,孔子曰:"人而无信,不知其可也。"老子曰:"人无信而不立,国无信则衰。"《弟子规》中也有与之相应的规范要求:"凡出言,信为先。诈与妄,奚可焉。"就是说:说出口的话,首先要真实不虚,说话要算数。说谎话骗人,胡言乱语都是不可以的。这一条就是对培养孩子言而有信、诚实可靠良好品质的行为规范。发现孩子说谎话,若不及时制止和纠正,就等于是给将来埋下隐患。

孩子说谎话是每个家庭都会遇到的问题,有其自身的原因,也可能是家长或其他外因所致。对于孩子说谎,家长不要一味惩罚,要讲究策略,采取正确的引导方法,加以及时疏导,帮助孩子改掉坏毛病,逐渐将"凡出言,信为先"变成自己的固定行为。

造成孩子说谎话的因素很多,主要有以下三个方面。

一是为躲避家长的惩罚而说谎话。有些父母,每逢孩子做错了事,便要通过打骂来教训孩子,认为这是教育孩子改错的最有效方法。殊不知,这种做法等于是逼着孩子学撒谎。因为,孩子为了躲避惩罚,不得不选择说谎话来掩饰自己的过错,于是,当第二次、第三次做错事时,便会一再说谎话来求得宽恕。

我的孩子曾因一时失手,将我最喜爱的一件工艺品——陶瓷小马打碎了,他怕受到惩罚,就将碎片埋在院子里。有一天,我在院内种菜整地时,发现了碎片,当我拿着碎片质问儿子时,他支吾搪塞,不肯承认。这时若是用武力去教训孩子,本来怕揍的他,就会用撒谎来极力隐瞒自己的过失，以此逃避惩罚，若是过分盘问，那只会使孩子把谎话编得更为圆全。于是我缓和了语气，说："爸爸也有打碎东西的时候，只要以后做事小心谨慎，不再粗心大意，这反而是件好事。要是不敢承认错误，就认识不到自己错在哪里，认识不到错在哪里，下次能改吗？敢于承认错误，就等于敢于改正错误，知错就改就是好孩子。当人做错事时，《弟子规》是怎样要求他的？"孩子很熟练地背起来："无心非，名为错。有心非，名为恶。过能改，归于无。倘掩饰，增一辜。"孩子明白了道理，也不再恐惧害怕，很坦率诚实地说出了打碎"小马"的经过，并很诚恳地请爸爸原谅，保证以后做事一定小心谨慎。由此可见，孩子是否诚实有信，和家长的启迪诱导是分不开的，引导孩子诚实有信，会使孩子受益一生。

二是受大人影响而说谎话。幼儿期的孩子，模仿力极强，也最爱模仿他人。如果父母在孩子面前漫不经心说些谎话，孩子在以后遇到类似事情时就会去模仿说谎话。孩子认为大人说谎话是一种玩笑，自己也就好奇地模仿着，久而久之，就形成了爱说谎的习惯。

三是为取悦父母而撒谎。有些家长对孩子要求很高，如果孩子表现得好就会很高兴，尽力满足孩子的一切要求，如果孩子没有达到家长的期望，就会责怪和训斥。长此以往，孩子就会为了取悦父母，得到父母夸奖，减少对自己的责骂，而不得不学会说谎话。例如孩子在学校偷小红花，谎说是老师奖的。家长认为孩子有了进步，一般都会再次奖励。孩子取悦了父母，尝到了撒谎"成功"的甜头。迎合父母心理，还能使自己得到奖赏，他能不继续撒谎吗？

父母都喜欢自己的孩子诚实有信，肯定不会鼓励孩子去撒谎，但是怎样做，才能既不伤害孩子的自尊、自信，又不纵容孩子说谎呢？父母可以通过讲故事使孩子对诚信和虚假有一个更深刻和更清晰的理解，为孩子以后诚实有信的品质形成奠定坚实基础。讲故事时，父母鼓励孩子分享故事情节，设一些故事悬念，让孩子去想象，把未讲完的故事让孩子去讲完，把故事升华，还可以让孩子置身故事的情境之中，边讲边问：假若你是当事人，你会怎么去做？这样做会有什么好处？这样做为什么会出现这个结果？这样一来，孩子不仅很乐意参与讲故事的活动，同时也培养了孩子的思维想象能力、口语表达能力。

我给孩子讲过一个"国王选子"的故事，我是这样讲的："从前有一位贤明而受人爱戴的国王，他没有孩子，眼看王位无人继承，他便诏告天下，'我要在国内挑选一位诚实的孩子作为义子'。他拿出许多花的种子，分发给每个参选的孩子，说，'等到鲜花盛开的季节，我要亲自验收种花结果。谁表现得最好，谁就是我的继承人'。所有的孩子开始精心养护花种。其中有一位叫雄日的孩子，他特别小心爱护着，但过了好几天仍不见花盆里的种子发芽。他去请教了很多花匠，按照花匠的要求去做，可种子仍不见发芽。"

这时我问孩子们："假若你们是雄日，已经按照花匠的话去做了，仍育不出花苗，你们会怎么做呢？你们猜一下雄日会怎么做？"孩子们皱着眉头想着，讨论着："是不是种子有问题？若种不出鲜花怎么去见国王？是不是再换种子……"

我又接着讲："到了鲜花盛开的季节，国王要验收种花的结果了。其他的孩子都捧着娇艳美丽的鲜花，等待国王验收，只有雄日站在后边，双手捧着没有花的花盆，满脸的泪水。"

我看着孩子们同情的眼神，又提出了一个问题："雄日为什么还要捧着一个没有花的花盆，难道他不想当'王子'？他还能被选中吗？"孩子们抢着说："可能是想引起国王的注意，也可能是……"

我接着讲："国王对面前的鲜花不屑一顾，径直走到雄日面前。"

孩子们屏住呼吸，睁大眼睛盯着我，迫不及待要我揭开谜底。

"国王站在雄日面前问道，'你为什么要端着空花盆呢'？雄日将他如何用心培育，而种子却不发芽的经过告诉了国王。国王听完满心欢喜，拉着雄日的双手说，'你是我诚实的儿子'。"

孩子们兴奋地鼓起了掌。

我又问："国王为什么说雄日是一个诚实的孩子？"

孩子们都已经悟出了缘由，齐声说："国王分发的都是不发芽的种子。"

我接着讲："国王说，'我分发给大家的是预先煮熟的种子，根本不会发芽。我说到鲜花盛开的季节，要验收种花的结果。现在就是鲜花盛开的季节，谁种不出鲜花，就是我要的结果，他就是我要找的诚实的儿子'。"

　　孩子们听完故事，我又让他们带着问题思考讨论：听后有何感受？诚实与虚假有何区别？诚实和虚假的人最终会有相同的结果吗？国王为什么要选'诚实'的人作为王位的继承人？

　　孩子们讨论激烈，争先恐后地说："我要向雄日学习，做一个诚实的孩子。诚实的孩子受人信任……"

　　根据孩子们的发言，我总结说："做人就要做诚实的人。雄日正是因为诚实，他才得到了王位。诚实的人，不会失信于他人，能赢得他人的尊敬与信赖。若是一个不诚实的人，将会失去信任、失去朋友，因为所有的人都不愿意与一个不诚实的人打交道。所以，只有诚实的人才能得到他人的帮助，能得到大伙帮助的人才是走向成功的基础。"

　　培养孩子诚信，是让孩子会做人的基础。不诚信的人，有时会自欺欺人，有时会搬起石头砸自己的脚。人一旦失去诚信，就可能失去一切，有时还可能失去生命。比如，我还给孩子们讲过那个著名的"狼来了"的故事。

　　孩子们听过故事后，首先提出一个问题："放羊娃为什么要撒谎'狼来了'？"

　　我反问一句："你们说呢？"孩子们摇了摇头。

　　我用商量的口气说："放羊娃是不是感到孤单无聊，就随便喊了几句'狼来了'？"孩子们点了点头。

　　我又问："随便说谎话对不对？"

孩子们说："《弟子规》讲了'凡出言，信为先'，就是再无聊也不能说谎骗人呀。"

我重复着孩子的话："凡说出的话，一定要大家相信，不可信口开河，否则会自食其果的。"

孩子们又接着问："为什么第二天，放羊娃还再喊'狼来了'？"

我启发道："第一天喊'狼来了'，农民是啥表现呀？放羊娃又是啥心情呀？"

"放羊娃看到农民伯伯急忙上山打狼，认为骗人成功，自己很是开心。"孩子回忆着说。

我把孩子的回答进一步说圆全："放羊娃看到被骗的农民伯伯很生气地离去，不但不感到内疚，反而还有一种满足感，有一种捉弄人的快感，并且还恬不知耻地说'真有意思，你们上当了'。他说谎话不以为耻，反以为乐，能不再说谎话吗？再说谎话还会有人相信吗？"

孩子们赶紧七嘴八舌地复述故事："几天后，狼真的来了，放羊娃再喊'狼来了'，农民伯伯都无动于衷。羊被吃了很多，自己也险些丢命。"

我又问："为什么狼真的来了，农民伯伯无动于衷？出现这个结果的原因是什么？"

孩子们很肯定地说："放羊娃'诈与妄'，说谎话骗人，失去了别人的信任，最终自食其果。"

我把讲过的故事连起来问："雄日和放羊娃为什么会出现不同的结果？你们以后准备怎么去做人？"

儿子抢着说："昨天我说肚子痛就是骗人的，是想逃学。以后我一定要像雄日那样诚实守信，绝不做放羊娃那样说谎骗人的不诚实孩子。"

我对儿子的坦诚给予肯定,总结说:"狼来了并不可怕,最可怕的是一个人失去别人的信任。一旦失去他人的信任,就很难再建立起你的信用,失去信用的人,谁还愿意和他相处共事,没有了共事的人,不就成了一人的孤独世界了吗?被别人孤立的人还谈何成功?"

"信"涵盖的意义很广泛,不仅指言而有信,《弟子规》中所讲"见未真,勿轻言。知未的,勿轻传"也是"信"的一个方面。这句话的意思就是:看到的事情没有弄清楚,不要随便乱说,轻易发表意见。听来的事情没有根据,不要随便乱传,以免造成不良后果。这是培养孩子对自己的言语敢于担当,对自己的行为敢于负责,对别人的言行能辨真伪的良好品质规范。

儿子上幼儿园时,有一天放学回家,绘声绘色地讲了在幼儿园发生的一件事情:"小强和小华打起来了,小华的鼻子破了,满脸都是血。"

我吃惊地问:"是怎么一回事呀?"

"小华正在给别的同学说'昨天下午小强去办公室偷了一支铅笔'时,小强正好听见了,两人吵了几句就动手打起来了。"儿子说。

没有等儿子讲完,我就插了一句话:"小强怎么可以偷老师的铅笔呀?'小偷'还敢打人?"

儿子带有责备我的样子说:"爸,你不能乱发表见解。《弟子规》里讲了'未见真,勿轻言。知未的,未轻传',没有听我讲完,你知道事情的起因吗?"

我连忙点头表示认错，也对孩子的"教育"表示认可，口中重复着："未见真，勿轻言。"

儿子讲起了事情的经过："昨天下午，小强的铅笔忘带了，老师让他到办公室拿一支铅笔先用。小真正好路过门口，看见小强从办公室拿了一支铅笔，小真一看办公室里空无一人，今天，小真就对小华说'小强是个小偷'。"

我恍然大悟，原来事由小真而起，她只是看见小强拿笔，却没弄清楚，就随便乱说小强是个"小偷"。小华只是听来的，又不负责地乱传"小强是小偷"，最后导致小强和小华打架。

儿子很有感触地总结说："唉，要是小真、小华能把《弟子规》变成自己的行为，今天的打架根本就不会发生。"

儿子能把《弟子规》学用结合，让我发自内心地感到高兴。

3. 爱心的养成

帮助孩子养成一颗爱心，首先要让孩子感知"爱"的真谛，再通过"爱"的实践，使孩子形成"爱"的品质。"爱"的品质是由"爱"的思想决定的，爱心思想的养成需要父母潜移默化、因势利导、言传身教。

有爱的孩子才有能力使自己沉浸在幸福之中，为自己找到人生乐趣。

《弟子规》中讲："凡是人，皆需爱。天同覆，地同载。"意思就是说：无论是什么人，都渴望得到关心、爱护和尊敬，因为我们共同生活在一片蓝天下，站在同一块土地上。正如一首歌中唱的："只要人人都献出一点爱,世界将变成美好人间。"

人类的爱是永恒的, 是人类天性的自私与浩然正气互为消长之后的平衡, 是每个人都能正常生存的保障。爱犹如我们送出的一朵花香四溢的玫瑰,虽然一朵鲜花不是春,但每个人都献出一枝绽放的花朵,必定百花盛开春满园,最终花香飘逸大江南北,让所有的人不再感到孤独、冷漠,而是沐浴在花香的幸福之中。做事先做人,做人先修行,修行先修身,修身先修心。只有你心中有爱,才会有人爱你。爱可以扩展我们的心胸,爱可以延展我们的生命。只有充满爱的人生,才是有血有肉的真实人生。

一个有爱心的人,一定是乐观向上的。因为他们的所作所为都是为了帮助别人,给别人以幸福。他谋福别人,也一定能获得别人的回馈与礼敬,相互欣赏之下,幸福有"爱"的人生便自然拥有了。所以树立起孩子的爱心,就等于为其走向成功打好了基础。一个人的"爱心"就如取之不尽、用之不竭的"源头活水",它滋养出无穷无尽的智慧和能力。

人的爱心很多面,对待财物没有私欲、从不吝啬,乐善好施,是其中的一面;在精神上能给他人以安慰和鼓励,待人诚恳谦让、心平气和,是爱心的一面;言行得体、行为规范、不损人利己,能给他人以理解和原谅,是爱心的一面;勤奋好学、刻苦努力、积极进取、学有所长,能谋福大众、报效祖国,仍然是爱心的一面——这是大爱。

孩子从理论上知道了"爱"的内涵，还要让其通过身边的人和事感知"爱"的践行，让孩子对具有爱心的人产生崇敬和羡慕之情。我常问孩子："你认为咱村属谁名望最高？"

孩子不假思索就说："老书记。"

"那老书记是因为他的地位高才名望高吗？"我问孩子。

孩子想了想，说："老书记从不摆官架子，他经常和大家唠家常，和蔼可亲，平易近人。他还主动捐钱，用来建校、修路、救济孤寡老人。大家都夸他，信服他。"

我赞成地说："不错，老书记正是由于他的一片爱心，才在咱村老百姓中享有较高的名望。正是由于他纯正质朴的爱，才会得到大家的信任和尊重。"

一定要让孩子知道，爱心是从生活中的点点滴滴小事养成的，只要把握好了生活中的每个细小环节，爱心很自然地会慢慢养成。

在生活中谨言慎行，不轻易打搅别人，就是对"爱心"的一种培养。正如《弟子规》中所讲："人不闲，勿事搅。人不安，勿话扰。"意思是：当别人正忙于工作时，千万不要去打搅。当别人身心不安时，千万不要乱插话，以免让他人更加烦恼。

比如别人正在认真学习或办公，你故意在楼道或是办公室门口跺脚、大声喧哗；比如别人正睡觉或是正忙于工作，你却给他打电话闲聊；再比如别人正心烦意乱、一肚子烦恼，你却不讲策略和方式地唠叨个不停……这样的打搅只能显得自己没有一点爱心。反过来，假若别人正事务缠身，无所适从时，你主动上前问一句"我能给你帮上什么忙吗"；假若你走到别人的办公室门口，轻手轻脚、小心翼翼，不给正在工作的人妨碍和干扰；假若你给对方打通电话后，先征求一句"能打搅你一下吗"，等对方应允之后再通话；假若你知道对方情绪不佳，正处于心情烦恼时，你主动端上一杯热水，等感觉到对方情绪稳定时，用和蔼的语气问他"我能为你分担些忧愁吗"……这样的"打搅"不会引起对方的反感，也体现出你的一片爱心。

我女儿曾经有一个小毛病，不管对方忙闲，想让别人帮忙，从没有一点顾忌。有一次，儿子正在做作业，女儿非要让哥哥帮她画画不可。儿子在女儿的纠缠下，很无奈地去陪妹妹画画。为了改掉女儿的这个毛病，我想了个办法。一天，女儿正在完成老师布置的家庭作业——画一幅"我的家"的图画，女儿聚精会神，皱眉苦想，我抓住这个机会，想着让她体会一下被别人打搅的滋味。我故意将电视声音调得很大，女儿开始还能不理会，过了一会儿开始烦躁起来，口中嘟囔着"真烦死人"，撅着小嘴气冲冲地把电视关了。我微笑着说："对不起！爸爸打搅你做作业，是我不对。"女儿带着一种很生气的样子说："自己知道就好。"

到了第二天，在女儿有好心情时，我用一种平和的口气问她："你还在为昨天的事生爸爸的气吗？"女儿笑着说："《弟子规》讲了'人不闲，勿事搅。人不安，勿话扰'，您打搅我学习，我可烦了。"

我说："不错，你被别人打搅，肯定会心烦意乱。可你想过吗？当你打搅别人的时候，别人是不是也会烦呢？《弟子规》讲的'人不闲,勿事搅',就是培养人的一种'爱心',在别人正忙的时候,不能轻易去打搅。你不想让别人打搅,难道别人就想让你打搅？要将心比心,换位思考,多替别人去想想。就如昨天,你被我打搅后,心情正不好,假若我不讲策略地去教训你,你不但不服,可能还会和我顶撞。所以'人不安,勿话扰',别人正在忙的时候不能去打搅,别人不安的时候不能多教训,否则就会遭到别人的反感与不敬。大家都不敬佩的人,是不是容易被孤立？谁还肯对自己反感的人给以帮助和关爱？得不到他人帮助和关爱的人,在以后的人生道路上还能一帆风顺吗？"

　　女儿听完没有了笑容,带着惭愧的语气说:"我以前常打搅哥哥学习,还不以为然,昨天被您'打搅',今天听您说的话,我明白了,'人不闲,勿事搅。人不安,勿话扰'。爸爸,我学到了。"

　　"人有短,切莫揭。人有私,切莫说"是《弟子规》培养孩子爱心的又一个方面。意思就是:别人有短处,千万不要到处宣扬。别人有隐私,绝对不能说出去。要理解、原谅、关爱他人,不能对他人的"短"和"私"冷嘲热讽,不能拿他人的"短"和"私"取乐开心,更不能拿他人的"短"幸灾乐祸,应给以同情关爱,伸出援助之手。

　　十个指头有长有短,人有不足在所难免,当他人做错事有"短"时,不是不让说,而是要讲究方法和策略,不要故意当众揭"短"。是人都有自尊心,谁都讲究面子,在不伤害他人自尊心的同时,择机旁敲侧击,加以点拨。假若当众揭别人"短",给别人弄得很难堪,也等于是对自己人格的贬低。《菜根谭》中说:"人之短处,要曲为弥缝,如暴而扬之,是以短攻短。"中国有句古话:"打人不打脸,骂人不揭短。"揭别人的短和打脸一样,给别人造成心理伤痛,不仅起不到"治病救人"的效果,还可能使两人反目成仇。

如果发现孩子有揭人短的行为,一定要及时纠正,这也是培养孩子树立爱心、学会做人的重要方面。

孩子养成不揭人短的习惯,等于培养了孩子理解他人、原谅他人、关心他人、帮助他人的一片爱心,也等于为孩子的人生找到了一个护身符。

《弟子规》中还讲道:"己有能,勿自私。人有能,勿轻訾。"这就是说:自己有才能,不要只想着为自己谋福利。别人有才能,不要心生嫉妒,轻视、毁谤。这句话依然可以衍伸到爱心的培养上。孩子只有谦虚诚恳地向他人学习,才能达到取人之长补己之短的目的,对才高之人,不嫉妒,不诋毁,谦虚请教,才能丰富自己的知识,提高自己的才能。

我还记得有一天儿子放学回家,兴高采烈地对我说:"今天我帮我们班的'数学王'小超同学,做出了一道数学题。"

我半信半疑地问:"你会帮助他?你平时不是很不喜欢他吗?每次数学竞赛你都想超过他,可都没有如愿以偿。你还经常贬低他呢,说他学习浮浅,爱投机取巧,考出好成绩都是碰上的。怎么今天会帮助他呢?"

孩子抢着说:"平时我是嫉妒他,本来今天我也想看他的笑话,不过您不是常讲'己有能,勿自私。人所能,勿轻訾'的道理吗? 我明白了许多。今天我看到他做出题开心的样子,我也体会到帮助别人的快乐。"

我对孩子的做法大加赞赏,同时又鼓励孩子继续做下去:"'己有能,勿自私',把自己的才能无私分享,在帮助别人的同时更丰富了自己的知识,提高了自己的才能,真是太好了! "

日常生活中常见的点点滴滴,家长只要对孩子的行为及时纠正和规范,孩子就很容易改掉陋习,规范行为,形成良好的品质。生活中偶然的突发状况,家长只要及时抓住契机,也会起到帮助孩子树立正确人生观、学会关爱别人的作用。

有一天儿子放学回家,把书包一丢,慌里慌张就往外跑。我看着孩子情绪不安的样子,急忙拦住他:"站住! 出什么事了? "

孩子很不情愿地止住脚步,吞吞吐吐地说:"今天中午我表哥被人欺负了,现在我们几个伙伴要去替表哥'报仇'。"

我听了后,吓了一跳,孩子的这种"义气"行为一旦处理不当, 就会酿成大祸。我说:"我给你讲过《弟子规》里面那句'怨欲忘,报怨短'(就是说:别人对不住自己的事,过去就算了,不要老放在心上,应该宽大为怀,尽快把它忘掉),你还记得吗? 对于别人的怨恨,若是耿耿于怀,不能忘记,就等于给自己埋下一颗苦果,使自己永远处于烦恼和痛苦之中。对于别人的怨恨,若不能原谅,不能宽宏大量,怨恨就会越积越多,会使自己一辈子生活在仇恨的痛苦之中。"

我强迫儿子坐下来，听我讲了一个关于上官婉儿的故事。唐朝上官婉儿的爷爷上官仪是宰相，因得罪武则天，被治罪处死，且株连族人。上官婉儿因是女子，免于处死，被罚为宫婢。上官仪临刑前殷殷叮嘱聪慧伶俐的孙女："千万不要复仇！"后来上官婉儿因才能出众，被武则天重用。她铭记祖父的遗嘱，忘掉怨恨，舍弃报复，全力辅佐武则天，掌管宫中制诰，有"巾帼宰相"之名。假若上官婉儿只顾复仇，她还能施展才能，帮助武则天奠定唐朝的盛世吗？说不定不光自己，还会牵连更多人无辜丧命。"

儿子听完故事，若有所思。我说："你去替表哥'报仇'，若把别人打伤，你得负法律责任。若别人把你打伤，就是别人承担法律责任，而且没有人能替代你的伤痛。伤痕可以痊愈，但结下的'仇恨'何时能了？"我话一转："解决这件事的最佳方案，就是找老师调解，化干戈为玉帛，不能火上浇油，激化矛盾。"

儿子如梦初醒，飞奔跑出家门："我要找表哥马上制止这场'复仇'。"

及时引导，不仅使事态的危机得到化解，更重要的是教会了孩子在以后生活中处理人际关系的原则。忘掉怨恨，懂得原谅，胸怀宽大，这也是爱心培养的一个方面。

与"忘怨"对应的就是"记恩"。《弟子规》中说："恩欲报，报恩长。"意思是：受人恩惠，要感恩在心，常记不忘，并时时想着报答。这是培养孩子知恩图报的爱心。受人滴水之恩，当以涌泉相报。我们从小到大受人恩惠的地方很多：父母养育之恩，师长教诲之恩，国家赋予安定之恩，科技人员发明创新之恩，农民耕耘种植之恩，工人创造生产之恩……孩子只有知道很多的人有恩于他，他才会在受恩的幸福中感恩大家。能感恩的人一定会报恩，想报恩的人一定不会空话相报，而是用自己的实际能力去回报，这种能力的取得，就是努力学习。

让孩子知道，感恩和施恩都是爱的表现。感恩是宽广的胸怀、灿烂的阳光；施恩是爱意的表达、无偿的付出。以感恩的心感谢曾经帮助我们的人，以施恩的心回报曾经关怀我们的人。感恩可以激励自己，施恩可以鞭策人生。感恩和施恩是人的最高品质，施恩不图报是一种美德，感恩不忘报，是自己的一种责任。当人有感恩与施恩之心时，就像在心中种下真、善、美的种子，它会发芽，开出爱心之花，结出智慧之果。

当孩子获得关于感恩之心的理论知识以后，还要通过一些故事，让孩子有感性的认识，明晓这样的道理：受恩，自我满足快乐；感恩，自我激励前进；施恩，他人快乐。用爱的纽带将自己与他人联系在一起，从而得到意想不到的收获。

我给孩子们讲过这样一个故事。美国有一位著名医学家霍华德大夫，他小时家境极其贫寒，不但交不起学费，就连维持温饱都非常困难。他为了积攒学费，挨家挨户去推销产品。有一回，他推销了一整天，也没有任何收获。他困饿之极，非常沮丧，对自己的前途心灰意冷,不要说去上学,连生存的勇气也快荡然无存了。这时他来到一户人家门口,强打精神准备讨口水喝,从门内走出一位天使般的姑娘,她看到极其疲惫的霍华德,问:"你很饿吗?"霍华德有点不知所措,不好意思地点点头。姑娘转身拿给他一杯牛奶和一些面包。霍华德狼吞虎咽,吃了个精光。姑娘问他还需要什么食物时,霍华德非常感激地说:"不需要了,我应该付你多少钱?"姑娘微笑地说:"你不用付钱。妈妈经常教我们,施以爱心,不图回报。"霍华德的热泪夺眶而出,向姑娘鞠躬感谢。

失去生活信心、打算退学的霍华德,经过这件事,仿佛看到上帝在朝他微笑,他觉得浑身是劲,自信、自强又迸发出来了,他下定决心要好好生活、好好读书,取得成就,才有报答恩人、报答社会的机会。

几年之后,霍华德成为著名的医学专家,他受邀到一家医院为一个罕见的病例会诊。当他走进病房,一眼就认出这位病人就是当年给他牛奶和面包的姑娘,他决心要全力回报这位姑娘。霍华德为姑娘制订了手术方案,手术非常成功,姑娘康复了。姑娘想医疗费肯定很多,恐怕要花掉自己的全部积蓄,或许还不够。但当她接过账单一看,发现巨额的医疗费已经结清了,缴费人的签名是:当年被牛奶和面包改变命运的人,霍华德。

爱的范围很广泛,《弟子规》中涉及的方面很多。家长让孩子有爱,首先得全心向孩子付出爱。家长只有真心给孩子爱,才能使他感受到爱的温暖,萌发爱的幼芽,使孩子产生自强、自立、顽强拼搏的决心。如果家长经常歧视、挖苦、讽刺、谩骂孩子,会使孩子失去自尊,甚至产生畸形心态,和家长对立,破罐子破摔。所以,有爱的父母才能拥有有爱的孩子。

　　我记得儿子小时候,我去幼儿园参加家长会,老师对我说:"你的孩子太好动了,每节课不能坐稳三分钟,搅得旁边的同学没法安心学习。"我回到家以后,孩子很担心因老师的"奏本"而挨打,就问我:"爸爸,老师说我什么了?"我想了想就说:"老师夸你了,说你一节课能一动不动地坚持坐好三分钟,以后一定是能坚持到底的好孩子。"孩子听了很高兴。后来我又见了孩子的老师,老师激动地说:"您孩子的毛病怎么改得那么快,现在像变了一个人似的,每一节课都能坚持坐到最后。"

　　儿子上大学以后,有一天给我打电话说:"爸,我的成绩老上不去,很一般。我的理想目标是考中科院研究生,恐怕要落空了。"我感觉到儿子失去信心的焦虑心情,就安慰并鼓励他说:"成绩一般不可怕,可怕的是失去自信心。凡成功者,都是有自信靠毅力坚持到最后的人。你要敞开心扉,消除后顾之忧,尽管为自己的理想目标去努力。不管最后结果如何,哪怕是很不理想,我们也不后悔,因为我们努力了。若是不努力,恐怕将来是会后悔的。即便考不上,也没什么可怕的,爸妈依然把你当做好儿子,回家来咱照样是幸福的一家子。"孩子在我的安慰和勉励下,放下了沉重的思想包袱,以平和的心态投入正常的学习,最终以好成绩

（高出录取分数线 95 分）考取中科院研究生。

"人之初，性本善"，著名爱心教育家卢勤老师说过："孩子的爱心是稚嫩的，你在乎它，它就会长大；你忽视它，它就会枯萎；你打击它，它就会死去。"

爱心也是孩子学习成绩优秀的前提。孩子只有具备爱心，他才有学习的动力。假若一个人没有爱心，不感恩父母，不爱国家，也不知道为什么而学习，那他怎么能感到学习的意义呢？没有目标的学习，很难学有所成。有爱心的孩子学习一定很自律，因此要想让孩子自觉主动学习，就必须先培养孩子的爱心。

有很多家长望子成龙心切，却不注重孩子的爱心教育，不理解爱心与学习的重要关系，一味让孩子"死"读书，一旦发现孩子有与学习不相关的行为，便要极力阻止。孩子弱小的"爱心"火苗还没有露出火焰，就被家长的"冷眼"和"冷语"给按灭了。

例如，有些家长看到孩子打扫卫生，就急忙阻止："去去去，念书去，净帮倒忙。真没出息，准备扫一辈子大街？"父母正看电视，孩子从屋里出来，沏好茶端给父母喝。父母不但不鼓励，还冷语伤人："谁让你倒茶，我们自己不会倒？在屋里坐不下来，耍懒！借倒茶想出来看电视，你打的什么小九九，我还不知道？"孩子帮父母捶背、洗脚，父母冷嘲热讽地说："你不想写作业，偷懒才给爸妈捶背、洗脚。等我们老了不能动的时候求你，你也不会这样做。"这么一来，后果可想而知。

充满爱心的人不仅会在一生中快乐别人，更重要的是，得到快乐的人也会很乐意帮助你。日常生活的点点滴滴，若注意引导，都能使孩子养成爱的习惯。

比如引导孩子和别人分享。我经常鼓励孩子把自己好玩的玩具和大家一起玩；家里做了好吃的都让孩子给爷爷、大伯、左邻右舍送一些。

再比如，引导孩子为他人着想。走在路上遇到砖头块儿，让孩子捡起来，以免给他人造成伤害；遇到老弱病残过马路，让孩子主动去搀扶；坐公交车，让孩子主动把座位让给老人；在公共场所，让孩子遵守公共秩序，主动替环卫工人做一些力所能及的事情。有一次，儿子放学后很晚才回到家，一进门就着急地说："这么多钱，丢这个钱包的人一定很着急。我都等了一个多小时也没有找到失主。"一听孩子是因做好事回来晚了，我赞扬了孩子的行为，还为孩子多做了两个好吃的菜，安慰他说："放心吧，明天我陪你一块儿去找失主。"第二天，我正要喊儿子起床一块儿找失主，他就兴高采烈地从外边回来了："我找到失主了。"接着又说："我一大早就赶到捡钱的地方，一会儿就发现有一位老爷爷推着一辆破自行车，在路边寻找什么。我问清楚，把钱包还给了他，老爷爷都掉泪了，他握着我的手连声说谢谢。他说，这是东拼西凑的钱，要去给住院的老伴儿交住院费，不小心从衣兜里窜出来了。他非要来咱家当面感谢不可，被我拒绝了。"我听后高兴得抱起儿子就地转了两圈，不仅为孩子的行为高兴，更为孩子的爱心骄傲。

爱心是动力，能催人奋进。

爱心是兴趣，能使人产生求知欲望。

爱心是阳光，能使人间充满温暖。

爱心是催化剂，能使人加快步伐，走向成功。

爱心是万能钥匙，能开启迷茫之锁。

爱心是毅力，能使人在困境中坚强不屈。

爱心是理想，能使人破万难、攻艰险、不懈努力。

爱心是及时雨，能使干枯的禾苗充满生机。

爱心是桥梁，能把人心连在一起，让社会和谐，人生更加美丽。

所以培养孩子有一颗爱心，就等于帮助孩子在成功路上迈出一大步。

4. 亲仁的养成

亲，就是亲近、接近的意思；仁，则是一种道德范畴，指人与人之间相互友爱、互助同情。仁包括两种意义：一是仁爱正义；二是通情达理。"亲仁"就是亲近、接近有道德、有学问的人，且以师事之。

所有的人一出生来到这个世上，就不可能生活在真空中，他必定要走向社会，构成各种人际关系，受到种种环境影响。晋朝文学家傅玄说："近朱者赤，近墨者黑。"以物喻人，辩证地解说人与环境的关系，假如一个人长期与品德高尚的人交往，他很自然地会向好的方面发展；假如常与品行恶劣之人相处，他可能会不知不觉误入歧途。在现实生活中，每个人都会不经意间接受来自环境的一些潜移默化的影响，从而在不知不觉中发生变化。

孔子也说过类似的话："与善人居，如入芝兰之室，久而不闻其香，即与之化矣；与不善人居，如入鲍鱼之肆,久而不闻其臭,亦与之化矣。"意思就是说:和品行优良的人交往,就好像进入摆满香草的房间,久而久之闻不到香草的味道了,这是因为和香味融为一体了;和品行不好的人交往,就像进入卖咸鱼的店铺,久而久之也闻不到咸鱼的臭味了,这是因为你与臭味也融为一体了。同样的道理,结交一个淳厚善良的朋友,相处日久,受其利而不自知;反之,常与劣德败行的人为伍,往往身心俱损却不自觉,等到恶果结成,祸害出现,就后悔莫及了。

怎么让孩子与"仁者"为伍、远离品行不端的人呢?必须要让孩子明辨是非,具备抵御环境侵蚀和干扰的素质,通过对孩子进行良好的道德修养教育,让他们树立正确的人生观、价值观,能分清真、善、美、恶、丑,使孩子形成健康的志趣,高尚的情操,增强孩子的免疫力,让"墨者"无孔可入。

亲仁可以给孩子成长提供正能量,否则,则会起到反效果。《弟子规》中讲得很清楚:"不亲仁,无限害。小人进,百事坏。"意思是说:不亲近品德高尚的仁者,就会有无限的害处,这样一来小人就会乘机接近,你就会往坏的方面发展,很多事情都因此而不能成就。

有这样一句话说得很好:"你是谁并不重要,重要的是你和谁在一起。"假若你要像雄鹰一样翱翔蓝天,那你就要和雄鹰一起飞翔,而不要与麻雀为伍;如果你想像猎豹一样驰骋大地,那你就要和豹一样奔跑,而不能与牛羊同行。环境因素潜移默化的力量、耳濡目染的作用,一般情况下是不可抗拒的,因此鼓励孩子和

"仁者"接触,也是帮助孩子走向成功的重要一环。

三、良好学习习惯的养成

知识是成功的基础,学习是获得知识的手段。学习是自己的事情,任何人都不能替代也是无法替代的。帮孩子养成良好的学习习惯,等于交给孩子一把会学习的金钥匙。

1. 学习知识重要性的认识

孔子曰:"好仁不好学,其蔽也愚;好知不好学,其蔽也荡;好信不好学,其蔽也贼。"意思就是说:讲仁德而不去学习,其弊端就是被人愚弄;讲聪明智慧而不去学习,其弊端就是行为放荡;讲诚信而不学习,其弊端就是容易被别人利用。由此可见,人要想把事做得完美,不能只埋头苦干,还要多学习文化知识,利用丰富的理论知识提高做事的灵活性、技巧性和成功率。反之,这些成功的实践经验也会形成理论,理论知识可以帮助你指明做事的方向。南宋教育家、思想家朱熹这样说:"愚谓力行而不学文,则无以考圣贤之成法,识事理之当然,而所行或出于私意,非但失之于野而已。"意思是说:见识浅薄的人一味去做事却不学习知识,所以不知道前人总结的规律和道理,认识事情的原理,所作所为完全出于自己的想法,失去的不止是一点点。

由此可知,一个人要做事成功,就必须具备两点:一是力行,二是学文。"力行"和"学文"就好比人的两条腿,必须协调配合,才能顺利前进。

知识是通往智慧的桥梁、成就未来的阶梯,知识伴随人的一生,是一种隐性能量,它可以在不经意中助你成功。春秋时,有一位名人子路,从小聪明伶俐、机智勇敢,平时爱好舞剑。他非常傲慢,自以为天下无敌。有一天孔子问他:"汝何好乐?"子路就说:"喜欢长剑。"孔子看出子路傲气十足,就语重心长地说:"我不是问这方面。以你的天赋,再加上学习,怎么会有人赶上你呢?"子路很不谦虚地说:"我不需要学习,就像南山的一种竹子,不需要揉烤就很笔直,削尖后射出去,能够穿透厚厚的牛皮铠甲。我天生才能很高,何必学习呢?"孔子问他:"那你知道怎样才能使箭射得更准,穿透力更强吗?"说着,孔子将竹箭的尾部安上羽毛,示范了一下,箭果真射得稳、准、狠。孔子又讲了射箭的原理知识,教育子路学习知识的重要性。平时自以为了不起的子路,如梦初醒,心悦诚服地跪在孔子面前说:"多谢先生的教导。"从此子路学习认真刻苦,为以后的成功奠定了坚实基础。

孩子虽然知道了知识的重要性,可能会使其心血来潮学一阵子,但很难坚持这种学习热情。要想让孩子真正持久地保持学习热情,必须时常鼓励孩子,使其对学习产生兴趣,只有对学习产生了兴趣,孩子才会自觉主动地学习,哪怕学习过程中困难重重,或是因为知识抽象产生的枯燥乏味感,都阻挡不了他对知识的追求。

培养孩子的学习兴趣,是帮助孩子提高学习成绩最有效的方法。美国教育家哈勃特这样说:"教学的过程,就是培养学生学习兴趣的过程。教师应该把培养学生的学习兴趣贯穿教学过程的始终。"

孩子上学本身就是一种枯燥的生活，当遇到学习上的挫折和困难时，就容易畏葸不前，平时若不注意培养孩子锲而不舍、百折不挠、知难而进的坚强意志和毅力，很容易一蹶不振、听天由命，失去学习的信心和兴趣，所以培养孩子的学习兴趣，才是对孩子提高学习成绩最大的助力。

对于失去学习兴趣的孩子，武力威胁不是良方，好语相劝效果甚微，重复唠叨更使孩子反感，而产生逆反心理。家长和老师可以因势利导，启发孩子对知识重要性的感悟，使其乐意投入学习之中。

记得我儿子上初二时，因为学习上遇到困难，一度想要退学，他喜欢台球，对我说："我天天练球，一定能打出成绩。"

我听了，不忙着劝他，而是顺着他的话题说："天天练球是提高球技的一个方面，但真正提高球艺还得靠理论知识的指导。"

儿子半信半疑："球技和理论知识有啥关系？"

我说："打台球需要很多的理论知识做指导，你看，当母球击中目标球时，目标球就会往击中那一瞬间两球中心点连线的延长线方向前进。如果这一条连线的延长线正好对着球袋，那目标球就会不偏不倚地落入球袋中。这里面涉及数学、物理等学科知识，像切点、摩擦力、合力、质量守恒定律、三角函数、反射角、入射角、弧线等等。如勾球，它的基本原理就涉及入射角等于反射角的概念，所以练球实践再配上理论知识的引导,你一定能成为未来的台球明星。"

儿子虽然听得认真,但是对知识的重要性理解还是不够深透。

我知道不能着急,只能慢慢引导他,于是我又说:"不管干什么工作,都离不开知识,就算是种地,要想干好也必须有丰富的知识。你看今年咱家院内种的大白菜,起初长势喜人,结果最终全部烂掉了,就是因为不按科学施肥的缘故。再看邻居家种的花生,不会用除草剂,结果三亩花生绝收了。所以知识是做好一切工作的前提呀。"

我列举了许多说明知识重要性的例子,孩子听后虽有些认识,但还是疑惑,仍不能安心坐下来学习。他不服气地说:"凭着我的体质,就是去打工,也不比别人差。"等不到放暑假,孩子就和我说要去外地打工,正好有一位邻居在工地工作,孩子打算去他那里。我想了想,说:"我依你,希望你能够干出样儿来。"

我虽然答应了儿子的请求,但并没有放弃引导儿子重返课堂的想法,背着儿子给外地的邻居打了电话,讲明白我的意图。

孩子到了工地上,结识了好多工友,工作虽不熟练,但也很下力,起初干得还算顺利。五天之后,他手磨出了泡,脚碰出了血,累得腰疼,躺在床上起不来了。邻居看着想打退堂鼓的孩子,说:"出力活你干不了,要不先跟施工员干吧。"没有炫耀成自我的孩子很不好意思地接受了新工作,心想:学施工员也不错,名声好、工资高、出力少,我一定能干出名堂来。转天,孩子非常兴奋地陪施工员到了工地。工人们对工程中的技术要领请求施工员指导，施工员就对我儿子说："你先看看图纸，再来解答。"我儿子看图纸是两眼黑，啥也看不懂，得不到解答的工人们不禁嘲笑他说："啥都不会，咋配当施工员？小小年纪，就是个童工，不去上学，还想挣大钱？"孩子面红耳赤、羞愧难当，不禁后悔自己不该不好好学习。邻居看着火候差不多了，就语重心长地劝慰他："回去吧！好好上学，知识就是财富，知识可以造就能力。只有知识丰富的人，才能当施工员、当老板、当科学家以及自己想干的任何工作。我文凭不高，能坐上这个位置，是和我后来刻苦深造分不开的。我为了生存，又学习了《经济学》《社会关系学》《工程管理学》。我深有体会，是知识成就了我的今天。"

孩子回到家没有立即投入学习，而是蒙头睡大觉。可能是太困乏？可能是精神遭受打击太大？可能是在想以后何去何从？可能是想破罐子破摔？也可能是正在酝酿发愤学习的规划？我猜不出来，为了使孩子重振精神，就坐在儿子床前，好好和他聊一聊。我说："每个人一生中都会遭受很多挫折。遭受挫折不可怕，可怕的是被挫折吓到，可怕的是在挫折中不能站起来。《弟子规》里说'但力行，不学文。任己见，昧理真'，就是说，如果只晓得卖力去做，不肯读书学习，且固执于自己的见解，就不会明白道理的真假与否，做事很难成功。我给你讲过汉代名臣霍光的故事，他曾执掌着汉室的最高权力。这个人最大的特点就是办事能力强，实践功夫相当了得，却从不学习，处理各种大事只凭自己的经验，而不是按事物的发展规律。汉代历史学家班固曾这样评价霍光，'然光不学无术，暗于大理'，意思就是因为霍光不读书，对做事最根本的道理他不懂，他只懂得从个人经验出发，结果导致做事有违道理，不能令人信服。这就是缺乏知识的后果。知识伴随人的一生，是每个人的能力储备库，具有一种隐性功能，当你需要的时候，它才显现效益。知识可以帮你把握成功机遇，使你一生辉煌。若你没有知识，很多成功机遇只能眼睁睁错过，所以等用到知识时再去学习，就为时已晚了。获得知识最有效的途径就是上学。你现在年纪还小，正是上学的最佳时期，若是从此发愤学习，一定能获得很多知识，知识一定能帮你梦想成真。"

儿子掀开了被子，静静坐了好长时间，紧皱眉头若有所思。

从此以后，儿子似乎真正明白了知识的重要性，重新回到课堂，又开始了紧张的学习生活。

2. 学习习惯的养成

学习习惯的养成非常重要，它有利于激发孩子学习的积极性和主动性；有利于孩子形成学习策略、提高学习效率；有利于培养孩子的学习能力；有利于培养孩子的创新精神和创造能力。学习习惯是在学习过程中反复训练而形成的，是一种个体需要的自动化学习行为方式。

学习习惯有很多种：读书用心专注的习惯，听课做笔记的习惯，善于质疑问难的习惯，遇到难题知难而进的习惯，愿意主动学习的习惯，还有不偏科、及时完成学习任务、新课预习、课后复习等等良好的学习习惯。教育家叶圣陶说过："好习惯养成一辈子受用，坏习惯养成了一辈子吃它的亏，想改也不容易。"他还说："教育就是培养习惯。"

习惯就是一种行为的定型，一种良好的习惯形成有三个阶段：一是不自觉阶段，需要依靠外力督促强化；二是自觉行为阶段，但容易出现反复，需要家长要求孩子通过自我意志努力去实现；三是自觉化阶段，不需要外界督促，就能自觉、自动完成。

为什么有些家长为孩子不爱学习而每天唠叨？为什么有些家长为孩子精力不集中、边学边玩而烦恼？为什么有些家长为孩子不能独立完成作业、不能独立思考、过分依赖家长辅导而头疼？为什么有些家长为帮助孩子完成学习任务，不顾每天的劳累，放弃自己的一切自由时间去陪读、辅导、监督而倍感苦恼？这种种的原因就是没有让孩子养成良好的学习习惯。若家长引导方法得当，通过帮助孩子对日常学习行为进行规范性重复，坚持重复强化若干次后，就会成为孩子无意识的日常行为规律，这种规律即孩子的学习习惯。

（1）培养孩子自学习惯

培养孩子的自学习惯，要靠家长的有效监督和适时引导，过度唠叨和陪学都不是好的方法，反而会使孩子对学习产生逆反心理，或是使孩子逐渐失去学习的自觉性和主动性，从而产生依赖心理。

一般来说，小孩子的持久性和耐力较差，易对形象鲜明的事物产生兴趣，心理行为的可塑性较强，如果家长善加启迪，便会使之形成良好的规律性行为。

　　作为家长，明白了道理，还要在实践中摸索经验，教孩子学习、帮孩子学习、陪孩子学习、吵孩子学习都是一个过程，最终还得让孩子通过自主的学习获得知识。只有培养出孩子良好的自学习惯，他才能自觉主动地全身心投入学习之中。养成自学习惯，孩子才会拥有一把打开知识之门的金钥匙，自学习惯和学习兴趣可以形成良性循环。

　　我还是讲一个我儿子小时候的故事吧。有一天，儿子放学回家，我问有课后作业吗？儿子很坦率地说"有"，但说完依然和往常一样，把书包一丢，撒腿就跑出去玩儿了。等我反应过来时，他已经跑得无影无踪。第二天儿子放学回家，我又问今天有作业吗？儿子支支吾吾的，我没等他逃跑，一把拽住儿子："今天爸爸帮助你学习，等完成作业再出去玩。"在我的坚持下，儿子无奈地打开课本，却仍是心不在焉，如坐针毡，一会儿摸摸文具盒，一会儿抠抠指甲，一会儿东张西望，看着他心安不下来的模样，我催促他做作业。儿子非常"理直气壮"地说："你不是说帮我学习的吗？"我说："不错，但我是帮助你学习，而不是代替你学习呀，更不可能替你完成作业。若我替你做作业，不就成了我在学习吗？你只有自己动脑去学习，才有可能把书本知识变为自己的知识。不过你在学习中遇到疑难问题，我倒可以帮忙。"儿子皱着眉头，随手指着课后习题说："帮我吧，这些我都不会做。"我问他："你都哪里不会？看，你没有思考，找不出难点，让我帮你啥？你找出问题来,我才能帮助你找出解决问题的方法呀。"

儿子被逼得无可奈何,只好埋头认真看题。他思索了一阵子问我:"从一个边长 20 厘米的正方形纸板里剪去一个直径 20 厘米的圆,求所剩纸板的面积。我们没有见过这种类型的习题。剪下一个圆后,所剩的图形计算没有学过,我不会算。"听着儿子提的问题,我鼓励他说:"问题提得很好,你能发现问题就说明没少动脑子。那么你再动脑子想一想圆和正方形的面积是怎样算的,想一想老师在课堂上是怎样讲的,也可以把课本上的例题、公式认真地一个字一个符号详细看一遍。"得到鼓励的儿子带着问题很认真地学起来。过了一会儿,儿子兴奋地手舞足蹈了起来:"原来这么简单,求出正方形和圆的面积,再找出它们的差就可以了。"我给儿子竖起了大拇指。后来这次作业老师给了儿子满分 100 分,这也是孩子自上学以来第一次得满分。这个满分使孩子认识到自己的能力,树立了自信。孩子有了成就感,能够激起极强的求知欲望,这种求知欲望就是学习兴趣。

我兑现了"先做完作业,再出去玩"的承诺,说:"今天作业完成得很好,可以出去玩了。"儿子被鼓励的兴奋劲儿还没过去:"你不是说课前预习很有利于新知识的获得吗,我把新课预习完再去玩。"我点点头,鼓励他说:"当天事当天毕,是一种良好习惯,也可以使你玩得更为开心,没有后顾之忧。咱们来约定一下,每天放学后,第一,要先对当天所学知识进行复习;第二,及时完成作业;第三,课前预习。能做到吗?"儿子同意了，对新课进行了预习，之后又和我谈了对新课的感受。我对儿子的表现极为高兴："今天你的表现很好，学习任务完成后，可以放松心情，尽情去玩了。你若能坚持下去，一定会受益匪浅的。"

话虽如此，但孩子良好习惯的养成还需要家长不懈的监督，什么时候由约束变成一种自觉行为，才算是形成了一种自觉习惯。家长对孩子良好习惯的形成，若不能持之以恒督促一段时间，孩子就很容易半途而废，前功尽弃。那时我对孩子的自学行为监督了一周后，恰巧遇工作繁忙，就放松了起来，孩子无人约束，渐渐不能坚持好的习惯。

那天孩子又放学回到家，兴高采烈，蹦蹦跳跳，口中哼着小曲儿，书包往家一丢就要跑去玩。我叫住他说："不能先去玩，不是说好了吗，每天放学后必须坚持做好三件事，一是复习当天所学课程，二是完成当天课后作业，三是对新课进行预习。任务完成以后可以自由掌握剩余时间。"

孩子分辩说："由于已经预习新课了，我今天上课都听懂了，课后作业当堂就已经完成了。为啥不让我去玩？"

我很认真地给孩子分析着："当天事当天毕，今天作业当堂完成是件好事。可你想过吗？为什么今天的作业你能当堂完成？不就是因为昨天对新课进行了预习，课堂上带着目的认真听课的结果吗？所以今天的学习任务你完成了吗？不再对新课预习，明天还能学好吗？课堂知识掌握不好，课后作业还能当堂完成吗？"

等儿子做完预习和复习，我对他说："你近段时间学习放松了，我有责任，对你督促不够。但我督促你一时可以，不可能督促你一辈子呀，知识只有靠自己去学才能获得，学得的知识永远是属于自己的。"接着我讲了对知识的获得方法和知识的重要性："知识从来不属于懒惰的人，只有学习才能使你的生命结出丰硕的果实；只有学习才能使你向成功的目标靠近；只有学习才能使你创造出崭新自我，最终让你书写出无悔的人生。"

在以后的一个学期中，我安排好工作，每天都抽出时间督促儿子的自学。渐渐地，孩子对每天放学后的自学习以为常了，成了一种习惯。这个自学习惯一直伴随儿子博士学业的完成，使他受益无限。

（2）培养孩子读书习惯

培养孩子的读书习惯，先要引起孩子对读书的兴趣。怎样引导孩子对读书产生兴趣呢？

首先给孩子确立读书的目标。孩子只有带着一定目标去读书，才能对读书产生兴趣。比如给孩子设置一些小问题，鼓励他们自己想法查资料去解决。孩子为了完成任务，会主动地查字典，力求对字、词、句解释得更为圆满，还会积极地复习课本知识，以使自己对问题的解答能拿满分。这种问题激励法，是利用了孩子的好胜心和好奇心，家长要能运用好，就是不让孩子去读书都不可能。我在家就经常和孩子们进行知识小竞赛，比如问一些字的读音、意思，为什么有多音读法，为什么字词有不同的用法，看谁列举的例子最多，或是看准造的句子多。有时候还触景生情，漫天飞舞的雪景、雨后挂在天空的彩虹、充满生机的春景，都可以让我和孩子们进行抒情描绘比赛，看谁用的词语又多又好。孩子们为了赢过爸爸，就会主动查阅很多书籍，当他通过读书得到自己满意的答案时，很自然就会产生一种成功的快乐，从而有了读书的兴趣。而且这样一来，不仅激发了孩子读书的兴趣，更重要的是让孩子找到了解决问题的金钥匙——读书。

孩子们每次提出疑难问题时，我都是通过引导他们去读书来找到解决的办法，久而久之，孩子们懂了：知识原来是这样获得的。知识都在书中，只要多读书，就能获得无穷的知识。

刚开始引导孩子读书，必须引导他去读能读懂的书，他才会对读书产生兴趣。诚然，给孩子确立读书目标可以激励孩子的读书兴趣，但这个读书目标在最开始的时候应该是近程的，显而易见的，且易有实效的。那些太长远的目标、太深刻的哲理，容易给孩子造成错觉：读书可望而不可即，难于上青天。当孩子觉得读不读书都达不成目标的时候，就干脆连现在能看懂的书也不再看了。所以要根据孩子的年龄特征、知识水平、接受能力，先读那些他们能读懂的书，如儿歌、谜语、童话故事，与课程相关的一些课外资料，与日常生活联系紧密的科普读物，让孩子们既读得懂又感到有一定的实际意义，这就很容易激发孩子的读书兴趣。孩子有了读书的兴趣，他就会很乐意去读书，从书中获得的知识就会由小到大、由少到多。"不积跬步无以至千里，不积小流无以成江海",当孩子的读书能力、知识水平达到一定程度时，再引导他们去读道理深奥和大目标相关的书，很自然就水到渠成了。

另外，根据孩子的特点，鼓励他们讲故事也是能激发读书兴趣的好途径。因为孩子要讲故事就必须动脑去想，这里的"想"就是对大脑的一种开发，也是培养思维能力的一种方法。这里的"讲"也是培养孩子口语表达能力的重要步骤。更重要的是孩子要讲故事，就必须掌握故事情节，要能顺利讲好故事就必须认真读懂故事的语言。我经常会把故事讲到孩子们注意力最集中的时候，突然停下，让孩子去看自己想知道的剩余内容，再来讲给我听。有时我干脆让孩子当讲故事的人，我来当听众。在孩子还小的时候，让他开始讲故事是需要引导的，我会说："每天都是我讲你听，明天要你当老师，你讲我听。"孩子随即就说："不行不行，我讲不好。"我鼓励说："你还没有尝试，咋知道自己讲不好？头回生，二回熟，三回就可当师傅。你不是很羡慕当老师的吗？明天你就可以体验一下当老师的快乐。"孩子一听，接受了任务，就有了一种责任感，问："让我讲哪一个故事呀？"我说："你讲啥我都爱听。"第二天我坐在小凳子上洗耳恭听，孩子两手叉腰站在我面前很自信地讲起来："我讲的是《小猫钓鱼》，老猫长了一个心，一心一意钓鱼。小猫长了三个心，一个心捉蝴蝶，一个心捉蜻蜓，一个心……"刚讲了个开头，就面红耳赤地打退堂鼓了："我讲不好。"我用很响亮的掌声鼓励着孩子："你今天表现得特别棒。敢上来讲，说明你有自信,没紧张,说明你心理素质也不错,讲得也挺顺畅的, 说明你认真准备了。第一次上场就能有这么好的表现,今天我给你打 100 分。"孩子得到了表扬,看书的热情更高了,经常把自己看到的故事再讲给我听,这样他从小就爱上了读书。

　　培养孩子读书的兴趣还有很多办法, 比如我还经常和孩子同看一本书,之后再写心得进行比赛,孩子为了写得真实感人就必须很认真地去读书。我们有时比赛看谁写的字数多,有时比赛看谁写的内容丰富,有时比赛看谁用的词语量大等等。这样做, 不仅培养了孩子的写作能力,更重要的是引导孩子多读书,激发读书兴趣, 从而丰富自己的知识。为了让比赛达到鼓励孩子读书兴趣的目的,在评判比赛结果时,儿子和我的胜负比是 3：2。若让孩子每次赛赢,容易使他骄傲自满,不再努力,若让他赛赢率过低,他容易情绪低落、悲观失望,产生自卑心理,干脆放弃读书。每次比赛之前,我会允许他看两遍书,允许他抄资料、查词典,目的就是鼓励孩子多读书,每读一遍都会从书中汲取营养,从而培养孩子的读书习惯, 帮助他掌握读书方法。我们经常会对同一本书的内容、结构、情节、词语、写法进行讨论,有时因对书的观点不同还会争得面红耳赤,也有时对书中情节讨论热烈得忘了用餐。这样一来,孩子不但有兴趣读书,还会把书读细,只有细读,书中的知识才能心领神会。亲子共读,是家长给孩子做的最好的示范,所有孩子都有崇拜家长的心理,对家长的一言一行都想去模仿,读书习惯从模仿到养成会使孩子一生受益。

有了读书的兴趣，还要有读书的方法。那么怎样让孩子会读书呢？

读书的方法无法评定好坏，因人而异，适合的就是最好的。很多名人都有自己独创的读书法，像文学家老舍的"印象法"，数学家华罗庚的"厚薄法"，大文豪鲁迅的"跳读法"，物理学家杨振宁的"渗透读书法"，史学家白寿彝的"研读法"，还有我国古代的儒家先师孔子的"学思结合法"，宋代理学家朱熹的"三到法"等等。

对于一般人来说，常见的读书法有泛读法，就是广泛阅读，多方收集大量知识；精读法，就是细读多思、反复琢磨、反复研究、透彻理解，可以在读的过程中圈、点、标、画、批注；跳读法，掌握重点句段，书中无关紧要的部分先放在一边；略读法，阅读时随意浏览，了解大体意思，弄清主要观点即可；写读法，将读、写、摘录、记心得结合起来；再读法，就是读一本书或一篇文章，不止读一遍，而是反复地读，"温故而知新"。但万变不离其宗，好的读书法正如《弟子规》中所讲："读书法，有三到。心眼口，信皆要。"意思就是：读书的方法要有三到，心到、眼到、口到，即心要记，眼要看，口要读，再加上求知的信念、读书的意志，若能做到这几个方面，读书的效率就会有很大提高。所以，无论哪一种读书法，读书都要心、眼、口三到，才能从书中获得真正的知识，使人更加聪明，古人对"聪"造字的意义就在于此。从"聪"这个字不难看出，它是由四个部分组成,左边的耳旁自然指耳朵,右边的两点指的就是人的两只眼睛,再加上"口"和"心",这四个部分合在一起就组成了一个"聪"字,就是说人要聪明、聪慧就必须用耳听、用眼观、用口读、用心记。

（3）培养孩子质疑问难习惯

学习的过程其实就是不断提出问题、解决问题的过程。孩子的知识在解决问题的过程中获得,学习兴趣也在解决问题的愿望中产生,只有发现问题,才能解决问题,只有带着解决问题的愿望才能激发学习兴趣,只有带着兴趣去学习才能获得解决问题的知识。问题的解决给人带来成功的快乐,这种成功的快乐又激励了学习兴趣,学习兴趣再激励你学习、发现问题……知识就是在这样的循环往复中进入人的大脑的。所以鼓励孩子大胆质疑问难,是让他们获得知识的一个重要途径。

宋朝著名的思想家、哲学家、理学家、教育家朱熹从学习中总结出这样的经验:"为学贵知疑,知疑贵问师。问师可释疑,释疑则长进。小疑获小进,大疑得大知。知疑且善问,学成必无疑。"意思就是说:在学习中能发现问题是非常可贵的,有疑问去学习或请教老师是更可贵的。通过学习和请教老师可以解决疑问,解决疑问就能获得知识,获得知识就能进步。小问题得到小进步,大问题得到大进步。擅长发现问题,善于学习请教,学有所成就是无疑的了。

学起于思,思源于疑,孩子只有发现疑问,才有可能动脑去思考,只有动脑去思考,才可能学得真正的知识。我遇到过很多家长平时教孩子学习，都是把知识直接灌输给孩子，不管孩子是否动脑去想，只要能"会"，就算是完成了"学"，家长也算是完成了"教"。这种灌输式的教法禁锢了孩子的思想，使孩子获得的知识很教条，长此以往，孩子的大脑思维逐渐变得僵硬。有的家长认识到这种教法的弊端，于是把"灌输式"教法改为"问题式"教法：设疑提出疑问、列出习题，让孩子带着问题去学习。这种教法虽然能让孩子动脑思考，但孩子还是在家长设置的范围内开展他的学习活动，一旦越雷池半步，家长就会加以纠正。所以说这种教法，孩子的思维仍处于被动状态，久而久之，孩子的思维因受限而出现惰性，也不利于孩子大脑开发。只有鼓励孩子自己大胆质疑问难，才能使孩子在学习的道路上标新立异、独树一帜。因为敢于创新的人才有很多的疑，有疑的人才能引发思维的不断深入。敢于打开思维的阀门，点燃思维的火花，才能启动大脑去想，大脑越用越活，思路越思越宽，孩子变被动的"要我学"为主动的"我要学"。世界著名科学家爱因斯坦这样说过："提出一个问题，往往比解决一个问题更重要。"引导孩子在"生疑——质疑——释疑"的循环中去探索，他们才会有主动的学习兴趣，才能在探索过程中获得丰厚的知识。

怎样鼓励孩子质疑问难呢？

首先，要创设一个和谐的家庭氛围。让孩子感到家长不是那么严厉，家长专制作风不是那么严重，家庭中总是有一种平等、安全、轻松、愉快的感觉，孩子才会敢说、敢干、畅所欲言，有疑就敢问。家长不要因孩子所提问题无法解释，或因所提问题意义不大，就认为孩子是胡言乱语、异想天开、奇谈怪论，对孩子的好奇心、打破砂锅问到底的行为十分厌恶，甚至还严厉训斥："你咋那么好问，世上的事情你不可能都搞清楚，你就是不问，它也照样日新月异、飞速发展，新生事物照样层出不穷，以后把嘴闭上，与自己无关的事少想、少问，省下心来用在学习上。"孩子本来非常活跃的思维就被这一盆冷水浇灭了，生机盎然的思维嫩芽就这样被掐断了，以后孩子少言寡语、逆来顺受，再也不去想，再也不敢问了。没有质疑的人怎么谈得上开拓进取、创新思维呢？孩子只有敢于质疑才能产生解决问题的愿望，这种愿望就是学习兴趣。孩子胆大才会质疑，和谐的家庭氛围使孩子敢想、敢说、敢问、善问、说真话、讲实话，不人云亦云、不随声附和。

其次，保护孩子好奇的天性。好奇心是每个孩子的天性，质疑问难就是孩子好奇的产物。家长若注意诱导和鼓励，孩子会因心理的满足而精神愉悦，会使孩子思维更加活跃、质疑问难的兴趣更加旺盛。我在家里为了鼓励孩子质疑问难，对孩子因好奇心而提出的疑问，不管有没有价值，从来都予以鼓励。孩子们常会问："为什么人都爱吃好吃的食品？为什么屎是臭的？为什么人都是两条腿？为什么每年都是十二个月？为什么太阳每天都是从东出、往西落？为什么冬天才下雪？为什么飞机从天上掉不下来？……"不管孩子是语言啰唆，还是问的问题匪夷所思，我也从不挫伤孩子质疑问难的积极性，常常说："你能发现这么多问题，就足以证明没有少观察，没有少思考，你看，那么多大科学家、大文学家他们都是在先发现问题，再探索解决问题的过程中使自己知识渊博的。你提的问题，有的我虽解决不了，不等于别人解决不了。只有发现不了的问题，没有解决不了的问题，只不过是时间长短而已。发现问题越多，说明你想获得的知识越多。解决问题越多，说明你获得的知识越多，你若能长此以往坚持下去，将来你也会有所成就的。"

质疑问难在日常生活中无处不在，有一次，我生炉火时用扇子扇风，儿子就好奇地问："为什么要用扇子扇风呀？"我说："你仔细观察，想一想是为什么呀？"儿子看着火苗越来越大，就说："扇子越扇，炉火烧得越旺，是让炉火燃烧得更旺的吧？"停了一会儿，儿子又问："这是为什么呀？"我解释说："这是有科学依据的，燃烧是需要氧气的，扇入的空气中带有大量氧气，可以助燃，所以炉火越扇越旺。"看着儿子获得知识的高兴劲儿，我也开心地鼓励着儿子："你观察得很细，问题发现得很好，知识就是在发现问题的过程中获得的。"得到鼓励的儿子质疑问难的兴趣更高了，皱了一会儿眉头又问："那同样是火，扇入的同样是氧气，为什么正燃烧的蜡烛一扇就灭？"这一问，使我有点儿吃惊，没想到儿子还能提出更深入的问题，我从内心为孩子大胆质疑问难的开阔思路感到高兴："不错不错。你问的这个问题是初三化学课才会学习到的知识。燃烧必须具备三个条件，可燃物质、着火点（着火点指的是可燃物质能燃烧的最低温度）、氧气缺一不可。可燃物质没有氧气助燃不会燃烧，可燃物质达不到最低着火点同样也不会燃烧。虽然正燃烧的蜡烛、炉煤用扇子扇入的都是氧气，但扇入的空气比较凉，对于煤火来说，扇入凉空气虽然带走热量，但由于煤燃烧时放出的热量较多，不至于把温度降到煤的着火点以下，对于蜡烛来说，它火焰小，放出的热量也少，用扇子扇入的冷空气所带走的热量足可以使蜡烛的温度降到着火点以下，所以扇入的虽然都是空气（氧气），但会出现不同的结果。"通过孩子眉飞色舞的表情，不难看出，孩子为自己质疑问难得到满意的解答而满足，也为质疑问难而使自己获得知识并且同时受到表扬而自豪，也不难看出他质疑问难的兴趣更加浓厚了。孩子爱质疑问难是好奇心的一种释放，若家长能及时鼓励，就等于给好奇的心理助力，使思维的火花燃烧得更旺。

第三，引导孩子养成质疑问难的习惯。日常生活中的各项活动，让孩子用心观察，多动脑思维，凡事多问一个为什么，对孩子质疑问难的行为给以及时的引导和鼓励，使他的好奇心能得以满足，对质疑问难自然会产生兴趣，久而久之就会养成质疑问难的习惯了。

有一天家里要包水饺，剁肉馅，刀不快，我准备把刀磨一磨，就问孩子："你知道为什么要磨刀吗？"孩子不假思索地说："不就是让刀更锋利些，剁肉更省力吗？"说到这，他想了想，问："为什么把刀用石头磨一磨就会很锋利，剁起肉来很省力？"我大拇指一竖鼓励孩子："不错，对一切事都能质疑问难，并且提出的问题非常有意义。你提的这个问题涉及初中才能学到的知识，先简单给你说说吧。它涉及的是压力、压强、接触面积三者关系的知识，压强跟接触面积成反比，当压力不变时，接触面积越小，压强就越大。把刀刃磨得很薄，就等于刀和肉的接触面积减小，用同样的力就可使刀对肉产生较大的压强，所以剁起肉来人就感到非常轻松。你现在听不懂没关系，但你有好奇心，爱问问题，这就很好，以后你一定会带着这些问题好好学习，会获得很多知识。"

还有一次，我骑自行车带着儿子爬一个陡坡，上坡前有意识地提醒儿子："快上陡坡喽，爸爸要加速啦！"等顺利爬上陡坡，儿子就问："爬坡时为什么要提前加速呀？"我笑了，没说话。到下坡的时候，没蹬车，就顺坡而下，儿子又问："下坡不用力蹬就能快速下滑，而且越滑越快，这又是为什么呀？"我调转车头，没有提前加速，重新开始爬坡，结果这次爬坡非常艰难，很费力才骑上坡。看到这个结果，儿子皱眉深思起来，又问我："提前加速是为了能顺利爬上陡坡，为什么呢？上坡和速度有啥关系呀？下坡不用力蹬车，滑速越来越快，难道高度和速度存在着啥关系？"我笑着说："儿子，你真了不起，很有科学头脑呀。"儿子迷惑地瞧着我，我接着说："在物理学上，这叫'能量守恒定律'，速度（动能）和相对高度（势能）是可以相互转化的。上坡时只有提前加速（动能），根据能量守恒定律，它才能自行转化成高度（势能），所以就容易爬上坡。同理可得，下坡就是高度（势能）自行转化成了速度（动能），所以下坡非常顺利。凡事都要动脑想，多问为什么，才能获得知识。英国的物理学家牛顿就是看见苹果从树上落下来，多问了'为什么'才发现了'万有引力'。"

长期以来我对孩子的质疑从不设限，不能及时释疑的，也要讲清原因，以保证不挫伤孩子质疑的积极性，保证他们质疑思维能无限发散。

儿子学习了课文《我的战友邱少云》之后，放学回家问我："第二自然段说'我们趴在地上必须纹丝不动，咳嗽一声或踮一下腿，都可能被敌人发觉'，为什么第五自然段又说'我忽然闻到一股浓重的棉布焦味，扭头一看，哎呀！火烧到邱少云身上了'！这样前后不矛盾吗？还有，邱少云旁边还埋伏着其他战友，为什么火只烧邱少云呢？"

这个问题使我猝不及防，一下子被问住了，我想了一会儿说："'扭头一看'动作很小，不容易被发现吧。"儿子急着说："不对不对！因为前边写了'必须是纹丝不动'。"孩子的反驳使我哑口无言，我说："每篇课文前后都存在着一定的联系，不如把课文再细读几遍，书读百遍，其义自见，可能答案就隐藏在课文之中。"

孩子把课文细读数遍后，兴高采烈地对我说："草丛燃烧会产生烟雾，在浓烟的掩盖下再去'扭头看'，这样小的动作是不易被发现的。课文里还有这样一句话'火苗趁着风势乱窜'，就说明当时有风，邱少云可能在'我们'的下风处，火没蔓延到其他战友处也是很自然的了。"看着孩子获得答案后如释重负的样子，让我由衷感到欣慰，更为孩子因质疑问难而获得了知识、因质疑问难给自己带来了学习兴趣而高兴。

质疑为发现问题的前提，问难是思路拓宽、深入钻研的保障，质疑问难为激发孩子求知欲望提供动力。

（4）培养孩子不偏科习惯

很多孩子会偏科。孩子出现学科"瘸腿"的原因是什么呢？主要原因就是孩子对某个学科失去了学习兴趣。没有学习兴趣就不想努力学习。知识是学出来的，越是不学越是不会，学不会的学科怎么能让人产生兴趣呢？由此形成恶性循环。丧失学习兴趣的原因有很多：起初很可能由于某些客观因素导致孩子误课、缺课，因此造成学科知识前后脱节，导致后面的知识学不会而失去兴趣；也可能因为孩子缺乏理想教育，抗挫折能力薄弱，缺少意志和毅力，当遇到学科的内容抽象、枯燥、乏味时，孩子就很容易出现逃避行为，而那些抽象、枯燥、乏味的知识，往往是该学科承上启下的"桥梁"，孩子一旦失去这些"桥梁"，在学科学习上的恶性循环就出现了——不会，无趣，厌学，"瘸腿"。

消灭孩子的学科"瘸腿"是让很多家长头疼的事。归根结底，还是要落实到培养学习兴趣上来。前文已经讲到很多培养学习兴趣的方法，在这里，从消灭偏科的角度而言，可以从两个方面来激励孩子的学习兴趣。

一是间接激励法。

比如通过情感教育、理想教育等多个维度的手段来激励孩子。我教过这样一个学生，除了代数，其他科成绩都很优秀，代数测试，她最好的成绩也没有超过40分。我想了很多办法，"加小灶"、个别谈心、家访，都无法让她对代数学习产生兴趣。正是因为代数科的"瘸腿"，影响了她的总成绩，这是关乎她升学的大事。我思来思去，一时也想不到什么好办法了。一个星期五的上午，她突然感冒发高烧，开始还不肯请假回家休息，我陪她去了医院，忙前忙后，星期天又骑车一个多小时带礼物去她家看望。她看到老师大汗淋漓、气喘吁吁的样子，流下了激动的泪水。她病好后，写了一张字条夹在作业本里交给了我："张老师您好，对不起，因为我个人的主观因素，对代数学习失去兴趣，使自己代数科'瘸腿'。您太好了，对我用心良苦，我是个有血有肉的人，会用自己的实际行动回报您。我不仅要努力学习代数，还要学好代数，绝不会让您失望。"果真，后来她以优异的成绩考上了理想的高中，代数考了99分。由此可见，情感力量也能让孩子产生极强的学习兴趣。

二是直接激励法。

直接激励法有问题激趣法，也就是前文讲的鼓励孩子质疑问难；还有成就感激趣法，孩子学过知识后感到有一定的实用价值，比如能解决一些生活实际问题或考试得到好成绩，从而产生一种成就感，这种成就感可以使孩子产生极强的求知欲望。我记得儿子刚上四年级时，学习数学的第二单元，他感到了困难，于是我就带领儿子共同学习。我说："来，我们从第二单元的第一个字开始学。"儿子说："我什么都不会，你教我吧。"我说："你提不出问题来让我教你什么呀？"儿子一听，便自己低头先认真看起书来，确实发现了一些问题。我没有直接解答，而是引导儿子再去看书，从书中的一个字，一句话，一个标点符号，一个字母，一个公式，一个例题认真反复地学习，结果儿子经过反复揣摩，豁然开朗。当儿子靠自学弄懂知识后，那种成就感和喜悦的心情都写在了脸上。我又鼓励他说："这些知识靠你自学都学会了，足以证明你有很强的自学能力！所以知识是靠自己学出来的，不是靠老师教出来的，老师只是一个引路人。"

儿子拳头一握，面带微笑，显得非常自信。

（5）培养孩子良好学习生活习惯

良好的学习生活习惯有助于孩子的正常学习，有助于提高学习效能。智力因素为孩子正常学习提供了条件，非智力因素为提高学习效率提供可靠保障。凡与学习相关的学习兴趣、习惯、毅力、规划诸多方面都会对孩子的学习造成较大影响。例如没有学习规划，会使人盲目，很难达到预期目的；没有兴趣、缺乏毅力，会使人遇难而退，很难坚持学业；没有学习习惯，会视学习为一种负担。

良好的学习生活习惯不仅有利于孩子的学习，对养成孩子的良好品质也是非常有益的。有的家长非常娇惯孩子，与孩子学习生活中的一切事情，家长都要包办代替，例如给孩子收拾房间、整理学具，代替孩子完成学校布置的家庭作业等等，这样做很容易让孩子懒惰、依赖，甚至生活不能自理，将来离开家庭不能够独立生活，不会自主学习，不善于人际交往，更没能力应对来自社会各方面的挑战。《弟子规》中讲："房室清，墙壁净。几案洁,笔砚正。"意思就是:书房、卧室要保持清洁,墙壁也要干净,给自己营造一个良好的学习环境,桌面上的各种学习用品要放置整齐,不得凌乱。所以要求孩子养成会自理的习惯, 就从整理自己的房间开始。我国东汉时期有一位著名的学者叫陈蕃, 他小时候十分懒惰,就连自己的房间也不清扫,东西凌乱不堪。有一天他父亲的好友见状就说:"为什么不把自己的书房收拾得干干净净呀? "陈蕃反驳:"我的手是用来扫天下的。"父亲的好友笑道:"一屋不扫何以扫天下?"陈蕃听了大为震动,如梦方醒。从此以后,他每天坚持整理房间,不仅把自己的书房打扫得干干净净,学习生活也安排得井然有序。正是由于他这种良好的生活习惯,才使他后来终有所成,成为著名的学者。

　　良好的学习生活习惯,还能提高孩子的学习效率,例如让孩子养成学有规划的习惯。学习规划可以帮助孩子恰当安排学习任务,让学习有序进行,从而把自己的学习管理得更好。学习规划还可以帮助孩子克服学习的盲目性和随意性,使学习目标明确,为完成学习任务提供有力保障。刚进小学的孩子,还不会制订规划,更不会按规划学习,这就需要家长引导他们,口头规划学习生活, 监督他们按规划开展学习生活。等孩子到了小学三四年级,家长引导孩子自己把学习规划写在纸上,家长可以适当帮忙,加以提示,或是做个规划示范让孩子模仿。起初先制订短期学习生活规划,再逐渐制定长远规划。学习生活规划要详细,切实可行,比如每天什么时间起床,什么时间睡觉,什么时间学习,学习多长时间，哪些时间可以自由支配等等，等每天规划养成习惯，家长再引导孩子制订周计划、月计划、学期计划、学年计划及更长远的计划。开始，家长对孩子的规划要检查，保证短期的学习生活安排能够服务于长远的规划，保证规划切实可行，有利于孩子完成学习任务又能激励其自觉学习的积极性。

微信扫码 立即获取
听大师讲儿童教育
☆幼儿教育100讲
☆儿童教育心理学

下篇・性格

张达(4 岁) 绘

本性是人天生具有，不可改变的思维方式，性格则是人后天形成，具有可塑性的行为方式。人的性格有很多面，理想是性格中好的态度特征，自信与毅力是性格中正面的意志特征，它们彼此关联，互相影响，共同塑造着一个人的精神面貌。有一句话叫做"性格决定命运"，好的性格确实会给人的一生带来积极影响。人的幼年时期是性格塑造的重要阶段，在这个时候，社会、学校、家庭三位一体，共同给孩子营造一个健康积极向上的学习生活环境，对孩子形成好性格起到助推作用，为他们走上成功的人生道路加一把劲。

第五章 理想是成功的动力

　　人的行动都会受到一定思想的支配，而在各种各样的思想观念中，对行动起长远主导作用的是人们的理想和信念。理想是人生的奋斗目标，不同的人有不同的奋斗目标，从而形成不同的理想。但理想一经确定，它就会对人的行动产生巨大的影响。理想目标会因社会环境不同而改变。

　　理想是人们对未来生活具有实现性的向往与追求，是人生观和价值观在奋斗目标上的集中体现。但有理想不等于脱离现实，理想与现实的目标是一致的。做好现实，才能为将来实现理想打下坚实基础，有了理想，才能为现实指明前进的方向。理想是比现实更高远、更美好的目标，它能激励人们追求更远大的东西。

一、理想成就人生

　　每个人都必须要走的一条路，它就是人生。理想就是人生路上的一盏明灯，引领你顺利前行，让你不会迷失方向，使你前途光明，事业成功。

　　理想一旦确定，就会使人在行动中产生一种强烈的意志和情感，而精神饱满，斗志昂扬。如果一个人没有理想,就会浑浑噩噩、庸庸碌碌、虚度一生,在困难面前唉声叹气、心灰意冷、自暴自弃。

我和孩子一起吃饭、散步时,常把自己的人生经历讲给孩子听:"我起始就有一种理想,就是当一名优秀教师。今天我能如愿以偿,和我的人生目标很明确分不开。"

孩子要从小树立远大的理想,要是抱着"家长让我学我就学""老师让我干我就干""别人学习,我也学习"的心态,将来走上社会,难免会成为懒惰涣散、萎靡不振、随波逐流的人。

国外一知名大学曾对本校一些智力、学习成绩、环境条件基本一样的学生进行了人生目标调查,结果是:3%的人有清晰而长远的奋斗目标;10%的人有清晰比较短期的目标;27%的人没有目标;60%人没有清晰目标。

25年后,该学校再次对这群学生进行了调查,其结果是:

那些具有长远清晰奋斗目标3%的人,25年时间朝着一个方向不懈努力,都成为社会各界的成功之士,他们是行业领袖、社会精英,为国家与社会做出了很大贡献。

那些具有短期清晰目标10%的人,他们的短期目标也不断实现,成为各个领域中的专业人士,对社会有所贡献。

那些没有奋斗目标27%的人,他们的生活没有方向,各方面都很不如意,常埋怨他人,抱怨社会,抱怨这个不肯给他们成功机会的世界。

那些没有清晰目标 60％的人，他们的目标模糊，生活可以说是忧喜参半，没有什么特别的成绩。

一位研究人生目标的心理学家为此得出结论，假如谁能把 15 岁时想当总统的梦想保持 25 年，并为之不懈努力，那么 25 年后他就一定是总统了。

不同的理想信念，就有不同的人生规划，也就出现了不同的人生。人生确立了前进的目标，内心的力量才会找到方向。若是茫无目的，你内心那座无价的金矿，终因无人开采而归于平凡的尘土。

二、怎样让孩子树立理想

理想与人生既然有这么密切的关系，那怎样帮助孩子树立起人生理想目标呢？

1. 遵循思想支配行动原则

人们的行动是靠思想来支配的，有什么样的理想目标就有什么样的行动。

要让孩子树立崇高正确的人生理想目标，可以引导孩子多读一些伟人传记，了解伟人的生活经历，汲取伟人的精神力量。在孩子的思想中埋下真、善、美的种子，从而树立正确的人生目标。

我经常给孩子讲的历史名人故事和伟人传记有《华盛顿传》《毛泽东传》《居里夫人传》，还有统一中国的秦始皇，唐太宗李世民，军事家孙膑，万世师表孔子，神医华佗等人的故事，现代的科学家袁隆平、陈景润、李四光等人的事迹也是孩子们爱听的。

通过读名人传记，了解名人事迹，使孩子在潜移默化中受到感染和熏陶。我儿子在一篇读后感中这样写道："名人是与众不同、不甘平庸的人，是志向伟大、抱负非凡的人，是胸有良谋、足智善断的人。他们以高深的智慧、渊博的学识、卓越的才能、宽阔的胸襟遥遥领先于芸芸众生，引领时代潮流，为社会做出不可估量的贡献，他们自己也名垂青史。名人，他们成功之前，和我们一样平平凡凡，也是普通之人，追寻他们成长奋斗的足迹，我真切领悟到名人成才、成功的秘诀。他们成功之路虽有千万条，但他们拥有几个共同之处，那就是有远大的理想和清晰的奋斗目标，有坚定的追求和信念，有不懈努力的拼搏精神，有顽强的意志和决心……读历史名人传记收获经验智慧，看今朝伟人奇迹激励勇气。成功之路，从这里起步……"让孩子从小就受到正确的思想影响，感悟理想与人生的关系，帮助他们树立正确的人生价值观，从思想上给孩子注入充足的正能量，这都是为孩子朝正面方向发展提供可靠保障。

敢想的人，才敢于去干，立志高远的人，最终才能有所成就。法国科学家巴斯德说："立志是一件重要的事情。工作随着志向走，成功随着工作来，这是一定的规律。立志、工作、成功是人类活动的三大要素。"远大的理想像太阳，有着永不枯竭的热量；远大的志向像灯塔，能够照亮前进的行程。我总是鼓励孩子对自己的未来进行无限遐想，开始孩子欲言又止很不自信："我还是个小孩，就是个普通人，又没有特异功能，不能和那些'天才'们相比。我能走出咱村，有一个稳定的工作就心满意足了。"我激励孩子说："咋就不敢想？对自己的美好未来就应该大胆去想象,你才8岁,有足够的时间去努力,想多大的目标都不过分。你有健全的体魄,灵巧的大脑,哪点儿也不比别人差！许多名人起初也是普通人,从小长起来的,只不过他们很早就胸有大志,向着自己的奋斗目标不懈努力,才有了成就。你只要从现在立志,努力不松懈,再大的理想目标也能够实现。"孩子备受鼓舞,握拳给自己鼓劲儿:"我一定要拿到博士学位！"我肯定地说:"你一定能做到。"

2. 遵循切合实际原则

理想高远,落实到具体目标,还得切合实际。每个人根据自身的爱好、特长,制定适合自身发展的目标,如体育爱好者,可把在某一项目拿冠军作为理想目标;喜欢理科的人,可把未来成为科学家作为理想目标;有音乐天赋的,可把唱出传世佳作作为奋斗目标等等。

个人理想目标的制定,不可过高,否则会好高骛远,最终成为空想;也不可过低,目标低则起不到应有的激励作用。

3. 遵循脚踏实地原则

千里之行,始于足下,再好的理想目标,若不从我做起,从现在做起,从平凡的工作做起,也是一种空想。俗话说:"道虽远,不行不至;事虽小,不为不成。"理想之所以美妙绝伦,不仅仅在于它的最终实现,还体现在实现过程的平凡劳动之中。只有脚踏实地,一步一个脚印地从身边小事做起,认真听课学习,独立完成作业,做些力所能及的劳动,洗衣、做饭、收拾学具等等,才会为理想的实现奠定坚实的基础。不肯做小事的人难以成就大事业,人生理想目标再远、再困难,只要发扬愚公移山的精神,最终一定能实现。

4. 遵循目标分解原则

孩子在不同年龄段,心理方面的进展是不同的,让孩子树立理想目标要因年龄段不同而采取不同措施。1—3岁是依赖期,孩子有很重的被遗弃的恐惧感,当父母对孩子的行为不高兴时说"你再怎么怎么,我就不要你了",孩子马上非常听话,这个时期应着重培养孩子的良好行为习惯,注重真、善、美美德的培养。3—6岁是感情期,孩子对事物表现出较长时间的兴趣,潜能开始显现,这时父母若发现孩子对某项艺术有特别的喜爱和能力,可以帮助孩子发展这方面的潜能。6—12岁是成长期,孩子开始强调"自我"的存在,兴趣表现十分浓厚,但极不稳定,这时父母应着重培养孩子的浓厚兴趣和持久耐力,注重引导,使孩子通过不断努力提高能力,逐步建立对自己所擅长领域的强烈自信心。12—18岁是青春期,孩子开始有了自己的主见和看法,表现出"叛逆"的行为方式,这个时期是孩子明确所学专业、确立理想的关键时期,这时家长要从学业上、生活上和心理上,给孩子恰到好处的指导帮助,通过双方的共同努力,帮助孩子找到自己的人生目标,树立正确的世界观、人生观和价值观,树立切合实际的理想目标。

我儿子上高二时,学习上遇到了困难,情绪比较低落。有一次,他对我说:"现在学习这么吃苦,能不能考上大学还是个未知数呢。就是考上了大学,也不知将来能不能找到工作，很可能还不如现在找活干挣钱多呢。"我感觉到他的消极心理，这使我有些着急，孩子正处于青春期和叛逆期，若不及时引导恐怕要荒废一生。我就问儿子："你说是碌碌无为一辈子成为庸常之人好，还是拼搏进取铸就辉煌人生好？"儿子坚定选择了后者。我又说："人的辉煌成就是在战胜挫折困难中产生的，战胜困难的勇气是以实现理想目标做支撑的，所以，你必须明确自己的人生目标，抛去顾虑，努力拼搏，未来的辉煌一定属于你。"

我又找了许多资料帮儿子分析学历与就业的关系，终于让儿子树立了信心，重新坚定了理想。

理想的实现不可能一蹴而就，可以将大目标分解成若干小目标，通过小目标的实施最终实现大目标。实现远大理想目标必须打持久战。

那么怎样有效设立自己的每一个小目标呢？

第一，将自己的目标写在纸上。

把目标写下来，是从潜意识里帮自己下定决心，兑现承诺。

第二，设定期限。

每一个有实现时间期限的小目标，才算是真正的目标，没有时限的只能是梦想。

第三，列出你所要达成这个目标的理由。

把理由写出来，实际上就是写出目标对你的重要性及把握性，能找出做事理由，就是成功的保证。

第四，找出成功的经验。

回顾过去，找出自己最成功的两三个经验，分析成功原因,并记下来,这也是为目标的实现提供保障。

第五,分析现在所处的位置,盘点自己所拥有的资源。

只有知道自己是从何处开始,才有可能知道下一步如何走,将自己所拥有的资源,如个性、财物、教育背景、能力、朋友等等列出,做到心中有数。

第六,找出自己所需要的知识。

为实现自己的人生目标,首先要确认需要什么知识,其次为所用到的知识设定一个学习顺序。

第七,找出自己所要克服的困难。

只有先知道障碍,才有可能充分准备,从而少受或不受障碍影响。

第八,将理想目标视觉化。

将理想目标的结果在脑海中绘成一个景象,不断重复展现,激励自己去努力实现理想目标。

第九,找出效仿的榜样。

根据自己的理想目标,找出这个领域成功人士的特点、事迹,从中借鉴经验,为自己走向成功助一臂之力。

第十,设立循序渐进的小目标。

将一个个小目标,从易到难排列,建立联系,为实现大目标增加信心与动力。

敢于给自己制定远大目标的人,就敢于去努力行动,再高的目标只要踏实去做,最终一定能实现。

第六章 自信与毅力是成功的保障

一、树立自信是成功的动力

自信，顾名思义，就是自己相信自己。俗话说："自信是成功的一半。"成功是人人都期盼和渴望的，所以要想让孩子走向成功，就必须先培养孩子的自信心。

自信不等于自负。自信催人奋进，能激励人们积极行动，坚持不懈，追求理想的目标；自负则是过高估计自己，自以为了不起，成功归因于自己主观努力，失败归咎于客观条件的不合作。自信是成功的助推剂，自负却是成功路上的绊脚石。

1. 正确认识自我是树立自信的前提

美国心理学家罗森塔尔曾做过一个自信效能的实验。他在一所乡村小学，对一至六年级的所有学生进行了"预测未来发展的测验"，然后将认为有"优异发展可能"的学生名单交给了老师，请老师将测验结果分别告知学生本人。八个月之后，罗森塔尔到该校回访，发现老师对测得具有"优异发展可能"的学生非常关注，而被测得具有"优异发展可能"的学生本人更是备受激励，即使有的学生原本内向胆怯，也开始变得活泼、好动起来，他们敢于质疑问难，学习刻苦，在这八个月里学习成绩有了很大的飞跃，进步惊人。老师问罗森塔尔，对学生的未来发展，能用测验的方法测出来吗？罗森塔尔说了实话："我交给你们的最具有'优异发展可能'的学生不是测出来的，而是随机抽取的。"

这个实验说明，当学生认为自己是最具有"优异发展可能"的人时，就产生了极大的自信心，这份自信心使他们勇于克服困难、承受挫折，且乐于学习，由此产生了不可估量的正面效应。所以，培养孩子的自信心，就是为孩子将来能够成功打下基础。

我常常对孩子们说："你们对自身要有一个全面客观的认识，不能盲目，否则，理想就成了空中楼阁。比如说，如果你们没有音乐天赋，却一定要做歌唱家；身体不协调，却非得做体育名将，这就是对自己没有正确的认识。但是你们看，你们有健全的身体，有聪明的大脑，要想在科学或是文学领域做出一些成绩是完全有可能的。所以一定要相信自己，只要脚踏实地、刻苦努力、持之以恒、一步一个脚印地拼搏，就一定能够超越自己，获得成功。"

孩子们对自身有了正确认识，迈出了树立自信心的第一步。要进一步帮助孩子树立自信心，家长可以鼓励孩子在公共场合展示自我，敢于在公共场合抛头露面，获得大家的认可，能够极大激发孩子的自信。我儿子小时候胆子比较小，不愿意到公共场所玩，平时家里来了客人，也是躲躲藏藏，不敢和人交流，有时候因为别人的玩笑话甚至可能要大哭一场，其实这就是自信心不足的表现。为了培养儿子的自信心，我在院子里修了一个简易演讲台，每天招呼邻居家、朋友家的孩子们一起，大家轮流登台演讲。演讲内容多种多样，有时是专门给他们设计主题来演讲，有时是结合生活实际的即兴演讲。有一次，演讲题目是《怎样接待客人》，女儿抢先登台，大大方方讲起来："到咱家来的外人都是客人，都应以礼相迎，热情接待，让座、沏茶……"到儿子演讲了，他怎么也不肯上场，我们大家用掌声鼓励他。我对儿子说："你深呼吸，提提气壮壮胆，只管大步走上去，别看观众，只看前方，你就不紧张了。不信你试一试。"儿子面红耳赤，提了几次胆才勉强走上讲台，声音还有些胆怯："我太笨了，见到生人不要说主动去接待了，连见面都不敢，就想躲起来。这是我的短处，我一定努力改掉……"我们使劲为他鼓掌，我还大声鼓励他："太好了，讲得真好。你今天敢于登台，敢于正视自己的毛病，这就足以证明你已经向自信迈出了一大步，开始有胆量战胜自我、超越自我了，相信你以后在任何场合都不会畏惧。"

　　经过一段时间的锻炼，儿子的胆量有了长足的进步。有一天，儿子对我说："学校要组织一次《低碳生活从我做起》的演讲比赛，我很想参加，但我没有勇气报名。"我问他为什么不敢报名呀？儿子说："我害怕丢丑呀。再者我是五年级学生，参加比赛的还有六年级的学生呢，我怕比不过他们。"我鼓励他说："胆量是练出来的，你在咱家每次演讲不是都表现得很好吗？六年级的学生也不用怕，上一次手工制作大赛你不是也胜过六年级的学生了吗？自信点，只要充分准备，一定会取得理想成绩的。"接下来，为了让孩子演讲成功，我们一起做起演讲的准备。先是讨论了演讲稿的内容，儿子一一列出里面要讲到的几个问题，比如保护环境的重要性，为什么要低碳生活，怎样低碳生活，我们应该怎么做（节约纸张、当好宣传员、做好监督员）等等，然后讨论了演讲的语气和仪态，精神要饱满、语言要流畅，经过多次彩排，反复修正，终于使得整个演讲的过程礼仪得当，节奏合理。因为准备充分，孩子满怀信心，最终夺得了演讲比赛的冠军。得到冠军不是目的，目的是通过得到冠军的成功让孩子能认识自我，树立自信。

2. 克服困难是树立自信的催化剂

有自信的孩子乐观开朗，时常想着：天生我才必有用，今天我不行，明天还能行，你在这儿行，我在那儿行，锤炼我自己，将来必能行。然而人生不可能一帆风顺，出现困难是必然的，有自信的孩子面对困难不失落，不逃避，勇敢从容，会想尽办法去战胜困难，而战胜困难又会进一步激发孩子的自信心。

有一次我儿子考试没考好，躺在床上蒙头大睡，谁叫也不起来，饭也不吃。我坐在儿子床边，装做什么也不知道的样子，问他："是不是遇到解不开的疙瘩了？"儿子闭口不言，只是蒙着头在被窝里翻来翻去。我又问了两句，儿子可能有些不耐烦了，"呼"地坐起来，嚷着："太丢人了！我没脸再上学了。"我故作惊讶地问道："前些时候你的老师还在我面前表扬你呢，今天你怎么这么说？"儿子哭起来，说："这次期中考试，我不知咋回事，成绩太差了。老师当着全班同学的面狠狠批评了我，他们一定都看不起我，我咋还有脸去上学呀？"我笑着开导他："考不好确实让人不高兴，不过，这和你以后可能要遇到的困难相比，这件事是微不足道的。一次的考试成绩不理想，和你的未来是否成功没有任何关系。这只是一个小挫折，找出症结所在，想一想具体解决办法，下次努力就行了。只要不被眼前的困难吓倒，振作精神，以后一定会取得好成绩。不过，通过你伤心得蒙头睡觉的表现，可以看出你是个严格要求自己的孩子，老师批评你，是看着你成绩下滑，在为你担心呀。同学们嘲笑你，是好事，这是你以后更加努力学习的动力呀。学习中出现困难很正常，只要正确面对，它会磨炼出你的坚强意志，会使你在克服困难中学到很多道理，帮助你在成长过程中更加自信。"

爱因斯坦这样说过："通向人类真正伟大境界的道路只有一条——苦难的道路。"成功的人往往是承受挫折能力最强的人，失败的人往往在挫折面前一蹶不振。一般来说，有两种人对挫折的耐受力较强。一种是在生活道路上遇到过种种挫折，在同挫折的斗争中，提高了自己战胜困难、摆脱挫折情境的能力；另一种是从小受过良好的家庭和学校教育，并受到一定的社会训练，善于从中吸取经验，而学会各种处理挫折的技巧，具有战胜挫折的信心的人。

在克服困难的过程中激励孩子的自信，要对孩子的性格进行分析，看看是外向型、内向型还是抑郁型，要根据孩子的性格差异采用不同的激励方法，比如对外向型的孩子可以直言不讳，对内向型的孩子要迂回委婉，而对抑郁型的孩子则要讲究教育策略。

孩子常在顺境中生活，很容易出现自负的行为，家长或是老师可以在日常生活学习中，故意设置一些通过努力才能完成的事情，提升孩子的抗打击能力，比如学习中的难题，生活中的小技巧等等，那种在挫折中靠自己努力获得的成功的体验是培养自信的良方妙药。当然给孩子设置挫折也要适度，不可彻底挫伤其积极性，以防孩子产生自卑心理。孩子从小就体验必要的挫折，经历失败，懂得生活的艰辛，才能在失败中感受成功的自信，以顽强的生存能力去迎接未来。

同时要想让孩子在挫折中受到锻炼，家长要敢于放手，从小培养孩子的独立性。永远置于羽翼下的小鹰不可能翱翔蓝天，家长过度包办，会让孩子产生依赖心理，而丧失战胜挫折的独立自主性。我对孩子独立性的培养都是从某一件事做起。儿子 8 岁时，有一次他想去县城的姥姥家，我问他能不能自己去，他说能。我让他把去姥姥家的路线给我讲了一遍，然后我嘱咐他一些注意事项，就让他独自出门了。我悄悄委托了一位也去县城的学生，在后面暗暗跟着他。孩子第一次在没有人帮助的情况下，独自乘车，顺利去了姥姥家，这件事让孩子有了独自出门的自信心。之后儿子 13 岁时独自去了北京，15 岁独自去了杭州、上海……24 岁独自远赴重洋去了法国留学，后来又独自创建化学工程实验室……从小培养的独立性让儿子有了克服困难的勇气,敢于接受一切挑战。

3. 信任是通往孩子自信的窗户

家长对孩子的信任,从根本上说就是对他们的一种肯定,能给孩子带来强大的动力,促使孩子坚定信念,努力把事情做好。

我女儿上初中时,总的来说,成绩不错,可是化学出现了"瘸腿"。我看在眼里急在心里,想了许多方法也不能让女儿的化学成绩提升,这让我真是有些急躁起来。等冷静下来,我开始反思:女儿化学学不好,原因是不是在我身上?我常唠叨她没有化学天赋,武断地说她永远也不可能学好化学,课堂提问也从来不叫她,觉得她没有能力答出问题,这些做法难道不是对女儿的不信任吗?经过反思,我决定重拾对女儿的信心,鼓励她学好化学。我把女儿叫到跟前,问她:"你认为你的化学成绩怎么样?"她沉默不语,过了一会儿才开口说:"我看见化学书就头痛,那些什么物质的元素符号,分子式,还有化学反应,太难记了。再说没有人相信我能学好化学,我没有信心。"我说:"化学并不难学,对你来说,这是一门新知识,和以前学习的内容关联不大,你学起来觉得困难,但是只要入了门,用心钻研,它很容易掌握。"我顿了顿,又说:"我认为你的学习天赋很好,刚才你一下子就找出了化学难学的症结所在,只有找到了困难,就很容易战胜它。因此,我相信你通过努力,一定能在化学这门学科取得好成绩。今天叫你来,就是告诉你,我准备让你担任班上的化学课代表。"女儿吃了一惊:"我化学成绩很差,能行吗?"

我肯定地回答:"你一定能胜任,我信任你。相信通过努力,你的化学成绩会出现奇迹的。"女儿没有想到我能这么信任她,不由升起了学好化学的自信心。在以后的学习中,她逐渐建立起与化学课的"感情",真的产生了浓厚的学习化学的兴趣。一个月之后女儿的化学成绩有了起色,后来她还在市化学实验操作竞赛中荣获了第一名。

家长信任孩子能够让孩子重拾自信,同样,老师要信任学生,也会激发出学生强烈的自信心。作为老师,对于这一点我深有体会。我的班里有一位男生,自信心严重不足,在班里如同隐形人,每次排座位都是挤在墙角或者是后排。有一次我问他:"我在这个班任课半年了,怎么没有见到你主动举一次手,发一次言呢?"男生不敢看我,耷拉着脑袋说:"我怕答错,别人笑话我。"我开导他:"人要有自信心啊,要是你自己都不敢相信自己,那以后谁还会相信你呢?希望你在课堂上主动回答问题,老师相信你,你一定能行。"他得到我的激励以后,当我再在化学课上提问时,他第一次主动地举起了小手,我马上点了他的名请他当堂回答问题。结果他答错了,同学们发出一片嘲笑声,我抬手示意大家停止笑声,看着尴尬的男生,说:"请全班同学不要嘲笑他,××同学今天表现很好,虽然他没有回答正确,但老师从他今天的主动发言,看出了他今后成功的希望。他敢于主动举手,就说明了他已有了自信的意识,就算没有回答正确,也是向成功迈出了一大步。请大家用掌声鼓励他,也请××同学抛开顾虑,勇于发言,祝你今后成功回答问题。"以后每到我上课时,就故意将一些容易回答的简单问题留给这个男生回答。他回答正确几次之后,明显自信了许多。渐渐地,这个男生的性格出现了转变,变得爱说爱笑,且敢于在很多场合出头露面,还在全县"敬老是中华民族的传统美德"知识演讲比赛中荣获二等奖。

由此可见,要想让孩子树立自信,就要给他信任。

4. 用情感激励自信

情感是指人对客观事物是否满足自己的需要而产生的态度体验。凡是能满足人的需要或符合人的愿望、观点的事物,就能使人产生愉快、喜爱等肯定的情感体验。

来自外界的关爱和从自身生发的认同都是情感的正面体验,有助于调动孩子学习和生活中的自信心。

对于孩子来说,来自外界的关爱主要是家长和老师的尊重、理解、信任和赞美。家长在语言上给予孩子赞美和肯定,和孩子交流的时候常常说:你真棒,真聪明;你进步很快;你的思维反应很敏捷;你对一些问题的解决方法很灵活;你比父母的知识还广博;除了某一点不足之外,其他都很好,你能在这一方面再改正一下就更好了。平时,家长多问问:你对父母有啥建议和要求吗;你有需要我们帮助的吗;你对父母的这些做法有什么见解等等。通过这些善意的表达,使孩子从情感上和家长融为一体,在谅解、理解、关心、支持中感受自我的存在价值,从而使孩子产生自信。正如俗话说:良言一句三冬暖,恶语伤人六月寒。家长诚恳地关爱孩子,才能使孩子产生心灵的共鸣,感到平等尊重、知情信任,这样他们很自然就产生了自信和勇气,乐意参与家庭建设,变监督我学习为我自愿要学习,在家庭氛围和学习自觉上形成良性循环。

情感的能量是非常强大的,给人以情感关爱,被关爱的人往往会释放出无限能量。我曾经教过一名非常优秀的女生,上学时,父母得了重病,导致她情绪低落,学习成绩一落千丈,一度产生了辍学的念头。我不想这个优秀的孩子就此失学,就自己带头,号召全班同学为她捐款,后来全校的老师和同学也都纷纷解囊相助。钱虽不多,对于女生的家庭困难只是杯水车薪,但是这一举动让女生感受到大家对她的关爱,重新拾起生活的信心,树立了坚持上学的信念,后来她考上了理想的大学。

从自身生发的正面情感体验就是成就感。成就感是一种快乐的心理体验,能激发人的大脑兴奋,让人产生极强的自信心。可以说,成功和自信是相辅相成的,成功产生自信,自信促进成功,它们之间能形成一种良性循环。让孩子有成就感是激励孩子自信的最佳方法。

怎样能让孩子有成就感呢?首先做任何事情之前,都要做好充足的准备工作,不打没有准备的仗。其次从力所能及的简单事情做起,先易后难,循序渐进。只有从简单事情做起,找一些力所能及的事情为试点,每次的成功就会增加一次自信,随着成功的积累,孩子的自信心也逐步确立。

儿子初中的时候开始学习物理，对于很多孩子来说，物理是比较抽象的一门课程，初次接触的时候，往往会被难住，甚至因此丧失学习物理的信心。儿子开学不久，就委屈地对我说："物理那么多概念、公式，我都记不住，上物理课时，我也想认真听，可是听一小会儿，大脑就开小差。我不仅看见物理书头疼，就是看见物理老师都发愁。"不仅是学习物理，学习任何一门课程都是这样，如果失去兴趣，就不想学，越是不学，越是不会，必然形成恶性循环。儿子的话让我想了很多，想到刚学步的小孩，开始迈开第一步，他成功了，就是可能会绊倒，他也要再迈第二步，因为他有一种成就感，这种成就感促使他再去尝试。能不能利用成就感燃起儿子对物理的学习欲望呢？为此我用了一个月的时间做了一番准备。这一天，趁儿子在家，我故意对爱人说："来！咱们俩把院里碍事的大石头抬出去。"儿子在一旁笑着说："您二老也不让我帮忙，能抬动吗？"说着他从墙角拿了一块砖头，还从我手中要走了大木杠，胸有成竹地说："我自己就行了！"我假装惊讶："你能行？"儿子说："您每天教我学物理，只会教不会用呀。"我做出一副恍然大悟的样子："哎呀，我把杠杆的原理给忘了。"我假装配合着儿子，从儿子手中接过砖头，故意放在离石头远一点的地方作为支点。儿子急忙纠正说："支点应该离石头尽可能近一些。因为杠杆的平衡条件就是动力臂是助力臂的多少倍，阻力就是动力的多少倍。"不大功夫，儿子就将石头移出了院子。我看着儿子的得意样，鼓励说："真了不起，物理知识不仅学得好,还能活学活用,解决实际问题,你已经超过爸爸了,爸爸要拜你为老师了。"随后我趁热打铁,和儿子探讨起物理学科的重要性,例如钢铁那么重,为什么造成的大船能载很多货物在海上不会沉?造成飞机在天上飞掉不下来?……这些事例都和物理知识紧密相关。

还有一次,我了解到儿子要学习浮力的知识了,提前一天,我问了儿子一个问题:"假如你有两个鸡蛋,一个丢进空烧杯里,另一个丢进装满水的烧杯里,结果会怎样?"儿子想了想说:"鸡蛋都会摔烂了。"我笑了笑,将早就准备好的烧杯和鸡蛋拿出来,分别做了实验,很显然,丢进空烧杯的鸡蛋烂了,丢进装了950毫升水的烧杯的鸡蛋安然无恙。儿子看了,惊奇地问:"为什么呀?"我卖了个关子,说:"等你学过物理浮力的知识以后,你自己就能找到答案了。"孩子满怀好奇,迫不及待地想要学习浮力的知识了。上完物理课后,孩子回到家自己重做了实验,对我说:"原来是水的浮力起作用,才导致鸡蛋不会烂,我还能计算出鸡蛋在水里的浮力大小,这个鸡蛋在水中的浮力为35克。"我说:"你怎么算出来的呀?"儿子从容地给我讲了如何利用烧杯的刻度和水位计算浮力的过程。我点点头,又问了个新问题:"从前有位皇帝,他怀疑自己戴的皇冠不是纯金铸的,通过你所学的知识你能鉴别吗?"儿子很自信地说:"能!"随即他给我讲了鉴别皇冠的操作过程:"先将皇冠在空气中称称重量,再将其全部没入水中称重量,它的重量之差就是水对它的浮力，就可得出皇冠体积。知道了皇冠在空气中的真实重量，又知道其体积，很容易就计算出皇冠所用金属的比重，将该比重数值与黄金比重数值进行比对，即可鉴定出结果。"我听完之后，不由自主大大拥抱了儿子："你学得真好，也许你将来能成为物理学家呀。"

所以，只要事前充分准备，做事就会成功。有了成功体验，就会产生成就感，从而树立自信心，自信又为成功奠定坚实基础。

二、锻炼毅力是成功的基础

人生理想目标的实现是靠毅力做保障的，所有成功人士，他们都有坚强的意志和过人的毅力。

毅力是人们在实践活动中为达到某种目的而自觉努力克服困难的一种心理品质，是一个人完成学习、工作、事业的持久力。具体来说，毅力就是实现自我价值，把每一件事自始至终认真做到底的决心和坚持。成功之路都是荆棘丛生，艰难坎坷的，没有坚韧不拔的毅力难以在人生路上获得成功的喜悦。毅力是让孩子实现理想的桥梁，是驶向理想彼岸的轮渡，是攀登高峰的阶梯。

法国著名科学家居里夫人这样说："人要有毅力，否则一事无成。"近代革命家黄兴也曾说："天下无难事，惟坚忍二字为成功秘诀。"希腊大哲学家柏拉图在上学时，就显露出很有毅力的特性。他的老师要求全班同学每天坚持甩手数次，大家都说这么简单，很容易做到呀。结果一个月后，有 10％的人放弃了，两个月后，有 20％的人放弃了，一年后，只有柏拉图一人还在坚持，最终柏拉图成为流传千古的伟大哲学家。还有世界著名物理学家霍金，他因为患病而导致全身瘫痪，但他凭着坚强的意志和毅力，借助电脑学习，靠语音合成器与外界交流，1965 年获博士学位。他克服了常人难以承受的困难，他的研究超越了相对论、量子力学、大爆炸等理论而迈入创造宇宙的"几何之舞"，成为国际物理界的超级新星。

毅力是可以后天培养的，如何让孩子有毅力呢？

1. 从心理上培养毅力

如果人对自己所从事的活动充满兴趣，往往就不惧任何挫折和困难，敢于迎难而上。与孩子最息息相关的，自然就是孩子的学习生活，由此培养孩子的毅力，可以先从培养孩子的学习兴趣开始。兴趣可以产生持久耐力，孩子只要对学习产生了兴趣，自然而然就会产生学习毅力。记得我为了引导孩子对数学这门课的学习兴趣，采取了学玩结合的策略。生活中处处都有数学，有一天，儿子和我一起在院子里平整土地，我就问他："咱们家现在准备用砖铺地，你知不知道得买多少块砖哪？"儿子说："随便估估，买点儿就行了呗。"我说："那可不行啊，买多了是浪费，买少了又不够。就是随便买，也得预算个大概数呀。"我看孩子皱着眉头，似乎在努力想这个问题。我说："你们快要学习面积方面的应用题了，等你学过后，能帮我解决这个难题吗？"孩子信心十足地说："能！"过了片刻他又问："学了这些内容就能解决这个问题了吗？"我给他鼓劲儿，说："你只要认真学习面积这几节课的知识，一定能帮爸爸解决这个难题的。"因为学习可以帮爸爸的忙,让儿子有了学习兴趣。几天后,儿子胸有成竹地拉着我的手,让我和他一起丈量需铺砖地的面积。通过计算,他兴高采烈地说:"大概需要 1632 块砖。"他认真地指着计算草稿纸给我解释:"需要铺砖的面积是 51 平方米,每平方米需要 32 块砖,一共需要 1632 块砖。"孩子能把所学知识用于实际,非常高兴,再加上单元考试后数学拿到了好成绩,孩子对数学课产生了浓厚的学习兴趣,为了保持优势,同时也产生了坚持自学的毅力,每天不需要督促就能自觉学习数学一个半小时。

　　毅力不是天生的,要在内心有着强烈愿望,促使自己在实践活动中逐渐培养,直至成为习惯。比如美国著名的外交家、发明家本杰明·富兰克林,他就是通过一些习惯的养成,培养出过人的毅力。富兰克林年轻时通过研究成功人士的经验,总结出 13 个原则:节制、寡言、秩序、果断、节俭、勤奋、诚恳、公正、适度、清洁、镇静、贞洁、谦逊。他明白仅仅知道这 13 项原则并不能使自己成功,只有经过刻苦修炼,把这 13 项原则变成 13 种习惯,成功才属于自己。他为自己准备了一个小本子,每一项后面都打了许多格子。第一个星期他专注于"节制",每天检查自己为人处世是否"节制",并在本子上做上记号。一个星期后,他惊喜地发现,"节制"慢慢在他身上生根了。第二个星期,他每天盯住"寡言",并对"节制"复习巩固;第三个星期盯住"秩序";再对前两项复习巩固。如此循序渐进,13 个星期后,他发现自己的举手投足,为人处世,待人接物发生了根本的变化。有毅力的富兰克林生怕 13 个星期还不足以使那 13 项原则改为自己的习惯，此后一年内他又进行了三次 13 个星期的轮回修炼。最终，13 项原则融入富兰克林的血液，渗入他的灵魂，他的毅力成就了习惯，他的成功也就顺理成章了。

另外，给孩子制定明确的奋斗目标也有助于培养毅力，这就回到前面关于理想的论述了。孩子有了明确的奋斗目标，才不至于迷失方向。明确的奋斗目标可激励孩子学习的积极性，使孩子在学习过程中自觉产生毅力。为了明确目标而产生的毅力是一种理智的选择，不等于蛮干，也不是一意孤行，而是善于吸取意见，及时调整方向，向着理想的目标前进。

2. 在行动中培养毅力

从思想上认识到毅力对成功的重要性，从心理上有产生毅力的愿望，还要加上主观行动的自我约束，才能让毅力成为永久的习惯。

天下大事必作于细，天下难事必作于易。把生活中、学习中每一件普通的小事，都坚持做好，有始有终，对于培养孩子持之以恒的毅力大有好处。

我在日常生活中会要求我的孩子和我的学生们，每天坚持将自己的房间打扫一遍，被褥要折叠工整，用过书和文具后要摆放工整。天天如此，不可半途而废，久而久之孩子们就有了恒心，这种恒心就是毅力。

大多数孩子在学习上会缺乏一种韧劲，比如我的孩子在每一个学期开始时，都会为自己制订一个完善的学习计划，最初几天还能按照计划学习，到后来就渐渐松懈，再过一个月可能就完全舍弃了原定的学习计划了。孩子在课堂上听课，前 20 分钟还能专心，后 20 分钟就会不由自主地走神儿。写作文的时候也很明显，通常前几段的文字书写得非常工整，到结尾就渐渐变得潦草凌乱，甚至成了无人能识的"天书"。做作业一遇到不会的难题难免打退堂鼓。这种时常半途而废，做事三天打鱼两天晒网的作风，对于毅力的培养损害极大，若不及时加以纠正，孩子的毅力也会半途而废，难以养成。家长要做的就是有针对性地督促孩子，从小事中一点点让孩子培养坚持性。就我的孩子而言，我要求他：每一个学期的学习计划如果制订了就必须认真落实，可以视情况加以调整，但是不能够放任不做。写作文时，自始至终都要字迹工整。作业中遇到障碍，不能知难而退，须得想尽办法，直至攻克为止。还有每天清晨半个小时是雷打不动的早读时间。通过一个学期的努力，孩子把这些好的学习习惯坚持了下来，渐渐成为自觉习惯，孩子的毅力也有了根基。

前面讲过，克服困难是树立自信心的好方法，同样，克服困难的过程也是锻炼毅力的良方。

只有承受过痛苦磨炼的人，才能产生坚韧不拔的毅力。孟子曰："天将降大任于斯人也，必先苦其心志，劳其筋骨，饿其体肤，空乏其身，行拂乱其所为，所以动心忍性，曾益其所不能。"意思就是说：上天要将重大使命交给某些人，这些人必须要能经受逆境的磨炼，逆境可以锻炼人的意志，只有经过逆境磨炼的人，才能锻炼出胜任这一使命的才能。其中提到的"劳其筋骨"

确实是磨炼意志的好方法。现在的孩子很少会参加繁重的体力劳动了,为了锻炼孩子的意志和体魄,我经常会让我的孩子和学生们帮助家里干一些农活,平时因地制宜进行一些体育活动,像远足,跑步,都可以让孩子们通过身体的锻炼来磨炼精神,从而在今后面对困难时具有迎难而上的勇气和坚持到底的毅力。

我女儿读大四的时候准备报考清华大学的研究生,其中有一门必考科目,她所在的学校专业没有开设这门课程。女儿靠着从小培养出来的面对困难坚韧不拔的毅力,全凭自学,不知熬了多少夜,掉了多少泪,硬是克服重重困难,攻克道道难关,以优异成绩考取清华大学的研究生,最终获得博士学位。在女儿备考期间,为了缓解她的压力,我每天会和女儿通一次电话,有一次她对我说:"上清华读研是我的梦想,要是这门功课攻不破,我的理想就是一个泡影。功课就是再难,也总有克服的时候,我不怕,一定能攻克它。"这就像物理学家牛顿说过的:"无论做什么事情,只要肯努力奋斗,没有不成功的。"

毅力最重要的表现形式就是意志坚持性。意志坚持性,也叫意志顽强性,是指长时间保持充沛的精力,坚持不懈地有所行动,以达到预期目的的行为。意志坚持性有两个基本特征:一是与精力、毅力联系密切,精力即一个人从事各种活动的紧张度,毅力则是一个人从事各种活动的持续度;二是经得起长时间的磨炼。人贵有志,志贵持恒,遇到困难,若不能坚持,只能是前功尽弃,一事无成。

我儿子 8 岁时患了黄疸型肝炎，有人告诉我说离我家二十多里路①的村庄有一个专门看这个病的好大夫。我给儿子看病心切，不顾当时正下着大雪，用自行车推着儿子踏着十多厘米厚的积雪艰难前去求医。路上儿子见我连摔了好几跤，再看前面白茫茫一片，不见人影，儿子说："爸爸，咱回家吧，我不看病了。"我说："不行，你的病不能耽误。我们坚持坚持，一定能走到。"那天等看完病，我们回到家时已是晚上十点钟了。我累得浑身酸痛，但是觉得很值得。后来儿子的病痊愈了，他告诉我，当时对他触动最深的不是好大夫治好了他的病，而是爸爸这种做事坚持到底的犟劲儿。

孩子小的时候，我要求他一本书要读完才可以换下一本，一件事做好才能去做别的事，一件玩具不玩的时候要收拾起来，这些都是在培养孩子的坚持性，如今儿子做事不怕困难，坚持到底的作风，就是靠做好这些日常生活中的琐碎小事累积起来的。他在读大学的时候，得过一次严重的感冒，当时由于学习紧张，再加上忽视了病情，感冒久不痊愈，结果恶化，炎症转移到肺部。连续三个多月，他白天熬中药，晚上输液，身体状况不佳，学业难以完成，老师决定让他休学。在那个艰难时期，我和儿子每天早晚各通一次电话，一边积极帮儿子想办法治病，一边从精神上为儿子减轻负担。我宽慰儿子说："人生一世困难重重，现在所遇到的困难，我相信你靠自己的意志是会迈过这道坎的。你记

---

① 里，市制单位。1 里等于 500 米。

住我三句话，黑吃，你在生活上不要节俭，每顿饭都要吃高营养的食品，只有营养跟得上，才可能有强壮的身体，你放心，你爸妈供应得起你吃饭；黑玩，你早上、晚上一定跑操，坚持锻炼身体，身体强壮了，才是将来生存之本；黑学，你每天在力所能及的情况下学习，学好、学坏、学多、学少都无所谓，若是大学毕不了业，不能再继续深造学习，咱回家生活照样很幸福。咱农村还有几亩责任田，靠勤劳照样致富。你放下包袱，不管怎样，你都是爸妈的好孩子。爸妈是过来人，什么风雨都经过，你只要有困难，有解不开的疙瘩，你尽管给爸妈讲，爸妈是你的坚强后盾……"儿子放下思想包袱，凭着从小养成的顽强意志，一边治病，一边读书，不仅坚持读完大学，还以优异成绩考入中科院的硕博连读，有了继续深造的机会。

英国伟大的作家狄更斯说："顽强的毅力可以征服世界上任何一座高峰。"毅力就是成功的保障。

编后记

许慎在《说文解字》中将"教育"解释为"教,上所施,下所效也";"育,养子使作善也"。《行动·习惯·性格——一位校长的教育手记》就是这样一本关于教育的小书。它不是高深系统性的教育理论研讨,也有别于一般精致时尚的教育方法合集,它只是将一个普通基层教育工作者的思考和实践娓娓道来,而让人深深共情。这本小书仿佛城市街头的绿化树,仿佛乡村原野的野草花,看似平常且易让人忽略,其实生机勃勃、自成风景。

这本书的作者张东法校长,1976年参加工作,曾先后担任河南省滑县焦虎乡乡中教师、校长、焦虎乡中心校副校长,在基层教育工作岗位上兢兢业业耕耘四十余年,任教期间几乎年年获得各级"优秀教师"的称号。在将近半个世纪的教育生涯中,张校长勤于思考,善于学习;躬身育人,严谨治教;桃李芬芳,成绩斐然。

作为父亲，他是孩子们的良师益友；作为教师，他是学生们贴心的引路人。这本书中讲到的故事全部来自作者的工作和生活实践，虽没有华丽的辞藻和跌宕的情节，却朴素诚恳，动人心弦。同时，这本书也真实反映了一位农村教育工作者的工作经历和生活面貌，让人对于广大农村教育工作者的艰辛努力管中窥豹，可见一斑。

"教育"一词始见于《孟子·尽心上》："君子有三乐，而王天下不与存焉。父母俱存，兄弟无故，一乐也；仰不愧于天，俯不怍于人，二乐也；得天下英才而教育之，三乐也。"那么教育的意义究竟是什么呢？著名教育家张伯苓说："作为一个教育者，我们不仅要教会学生知识，教会学生锻炼身体，更重要的是要教会学生如何做人。"所以在这本小书中，作者也从行动、习惯、性格三个维度阐释了他的教育实践，就是引导孩子如何做人、如何做事，让孩子对学习产生兴趣、对生活满怀期待，让孩子诚实、勇敢、自律、坚强，为未来奠定坚实的基础。

是为记。

扫码添加智能阅读向导，提高本书阅读效率
为您提供本书专属服务

听大师讲儿童教育

❶ 幼儿教育100讲
帮你了解并学习父母的教子良方
让孩子在充满爱的环境中自信成长

❷ 儿童教育心理学
如何帮助儿童塑造一个健康的人格
让孩子独立、自信、勇敢、不畏困难？

❸ 教育资讯
不懂成长规律的教育就是肆意妄为
看看美国如何开展STEM教育

 微信扫码 立即获取 ▶